マイナスからの

学級経営

＼気になる子も引き上げる／

「かしこさの階段」

古田直之 著

明治図書

はじめに

増える問題行動

人に暴力を振るう　暴言をわめきちらす　人の物を隠す
学習に取り組もうとしない　表情が暗く覇気がない…

あなたが（これから）受け持つ教室には、このような子はいませんか？

最近の学校ではこのような「気になる子」が増加していることが問題になっています。

その子がよりよくなるように、先生たちは様々な対応を練っています。しかしなかなか状況は改善しません。叱ってもダメ。ほめてもダメ。「問題行動」に振り回されるうちに、学級が落ち着かなくなってくる。気づかないうちにその子以外にも「気になる子」が増え始める。そして、次第に秩序がなくなっていき、最終的には学級が壊れてしまう…。

そんな状況が多くの学校で起きています。

はじめに

私も若い頃、そのような状況に悩んでいました。気になる子に寄り添えば、他の子がざわつき始める。かといって、気になる子をほったらかしにして、その他大勢の子どもたちに目を向けると、気になる子は糸の切れた凧のようにどこかへ行ってしまう。いったい、私はどこを見て何を語ればいいのだろうか。いつも頭を抱えていました。

「気になるあの子」をどのように理解し、
「気になるあの子」をどのような言葉で励まし、
「気になるあの子」をどのように成長へと導いていくのか。

本書で紹介する「かしこさの階段」が、そんな悩みを解決するためのヒントになればうれしいです。この「かしこさの階段」を正しく活用することで、「気になるあの子」も安心して成長できるようになるでしょう。本書が、これから出会う様々な子どもたちの心を理解する手助けとなることを願っています。

古田　直之

目次

第2章　「かしこさの階段」で段階を見極める

第3章　かしこさを育む言葉かけをする

第4章　関係性に応じた言葉かけをする

第5章　安心感で満たされた教室をつくる

第6章　授業での言葉かけをする

第1章

教師のマインドを変える

「ダメな子」というレッテルをやめる

「あの子はいつもそうだから」「何を言ってもダメ」「話をしても時間のムダ」

学級が落ち着かなくて悩んでいた頃、私はよく職員室でこのような言葉を口にしていました。今まで様々な対応策を練ってきた。様々な支援を重ねてきた。それなのに問題行動は全く改善しない…。そんな毎日の中でくたくたに疲れ果てていた私の口からは、冒頭のような「あきらめの言葉」しか出なかったのです。

「どうせ俺なんか…」「絶対に無理…」「私なんていなければいいんだ…」

これらの言葉は、私の学級の子がよく口にしていた言葉です。当時の私は、「うちのクラスの子は自信がないなぁ…」「どうしてそんなことを言うんだろう…?」

と考えていました。しかし、それは大きな間違いだったのです。彼らにそのようなマイナスの言葉を口にさせていたのは、私自身だったのです。このことに気づかせてくれたのは、私の学級の子が発した一言でした。

「先生って私のこと嫌いでしょ？」

この言葉を聞いたとき、私は頭を殴られたようなショックを受けました。そして、しどろもどろになりながら「そんなことないよ」とは答えました…。でも、私はいつも職員室でその子のダメな所をグチりまくっていたのです。

子どもたちは大人が感じ取っていることを敏感に感じ取る。言葉じゃない、心で接しないと、子どもたちには簡単に見抜かれるのだ。そう痛感した出来事でした。

学級の中の「気になる子」は、自分が集団の中で空回りしていることを、誰よりも痛感しています。そのような子どもたちに必要なことは、「大丈夫だよ！」「前よりも伸びているよ！」「あなたはもっと伸びるよ！」と、誰かに心から声をかけてもらう経験なのです。

私はそれをすることもなく、ただただその子たちのせいにし続けていたのです。

成長を見つめる目を養う

「大丈夫だよ！」「前よりも伸びているよ！」「あなたはもっと伸びるよ！」

そんな前向きな言葉をたくさんの子どもたちにかけてあげたい。それは先生ならば当然の想いでしょう。しかし、問題行動を頻繁に起こす子にはどうしても注意や指導が増えてしまい、温かい肯定的な言葉かけをすることはとても難しいものです。

では、問題行動を起こし続ける子どもにも肯定的な言葉をかけ続けるためには、どうすればいいのでしょうか。そのためには、まず私たちの**「子どもたちを見つめる目」を変えていく**ことが必要になってきます。

テストを返却するときの声かけを例にしてみましょう。若い頃の私はテストを返却する際に、子どもたちにこのような声かけをしていました。

「100点・90点」の子→**「よくやったね！」**とほめる。
「80点・70点」の子→**「まああだね」**と声をかける。
「60点・50点・40点」の子→**「もう少し頑張ろう」**と釘をさす。
「30点以下」の子→**「何をやっていたんだ」「このままじゃダメだぞ」**と注意する。

お恥ずかしいことですが、私は点数に応じてこのような声かけを行っていたのです。人はどうしても「点数が良いとき」や「きちんとできているとき」に「その子が成長した」と考えてしまいがちです。私もそうでした。

しかし、これは本当でしょうか？

30点の子は確かに「できていない」と目に映るかもしれません。しかし、その子は前回のテストで0点だったのかもしれません。0点をとった後、「次こそはできるようになるぞ！」と、あきらめずに一生懸命学習を続けた結果、30点をとることができたのかもしれません。わからなくて困ったとき「ここはどうやるの？」と友達に質問を重ねながら、30点まで伸ばしたのかもしれません。

もしもそのような努力を知っていたならば、私はその子に「何をやっていたんだ」「このままじゃダメだぞ」という言葉を決してかけたりしないでしょう。

この子の場合、たとえ点数が30点であったとしても、その子は「成長している」と言えるのではないでしょうか？

もう1つ例をあげましょう。今まで「100点」をとり続けていた子が、あるテストで「0点」をとったとしましょう。この子のように点数が下がってしまったという場合は、「成長していない」ということになるのでしょうか？

「調子にのってサボっているからこうなるんだ」などと一言物を申したくなる気持ちもわかりますが、この場合も一歩立ち止まって考える必要があります。今回点数が下がったという経験をしたことで、その子が「これではダメだ。自分は変わらなきゃ…」と感じて、次のテストに向けて努力を始めたとしたならば、どうでしょうか？　点数が下がったとしても、それは「成長」と言えるのではないでしょうか？

大切なのは**「〇点」という点数だけでその子を評価しない**ということです。

「失敗」という経験からその子が何かを感じ取り、何かを変えようとしているか？　まずはそういう視点でその子を見つめてみることが大切だと思うのです。これが「子どもたちを見つめる目を変えていく」ということです。

子どもたちの前に立つ教師として肝に銘じたいこと。それは**「点の評価」に一喜一憂することなく「線の成長」を見つめようとすること**です。このような見つめ方ができるようになると、たとえ相手が問題行動を起こす子であったとしても、その子の成長が浮かび上がってくるようになるでしょう。

「成長は点ではなく、線で見る」

そのような意識を大切にしながら「子どもたちを見つめる目」を養っていきたいものです。

1年生にも伝わる言葉を使う

今までの勉強の中でみんなが「成長したなぁ！」って思うことは何？

私がはじめて小学校1年生を担任したときのことです。私は子どもたちにこのように尋ねました。…すると1年生の子どもたちの口から、衝撃的な言葉が飛び出したのです。

「せんせい…？『せいちょう』ってなに？」

1年生の子どもたちは「成長」という言葉の意味がわからなかったのです。今考えれば当然のことですが、当時の私はそれに衝撃を受けました。それまでずっと高学年ばかりを担任してきた私は「成長」という言葉を当たり前のように使っていました。そのため、日常で使っている言葉の意味を考え直すという経験がほぼなかったのです。

「どう説明すれば『成長』という意味を1年生の子どもたちに伝えられるのだろう…？」

子どもに質問された私は、しどろもどろになりながらもごもごしていました。でも、1年生にしっかりと伝わる言葉はなかなか見つかりません。

あれこれ考えながら一生懸命説明していくうちに、ようやく1年生の子どもたちにも伝わる言葉を探り当てました。

「うーん…成長っていうのはねぇ…つまりねぇ…『かしこくなった』ってことだよ」

そう話したときです。子どもたちの顔がぱっと輝きました。

「『せいちょう』って『かしこくなる』ってことかぁ！」

これが、私が「かしこい」という言葉に出合ったきっかけでした。「かしこい」という言葉は不思議な言葉です。「かしこくなろうね！」と言えば、子どもたちはうなずきます。「かしこくなったね！」と言えば、子どもたちはニコっとうれしそうな顔をします。「かしこい」という言葉はたとえ小学1年生であっても、はっきりと意味が伝わるのです。

子どもだけではありません。それは大人であっても同じです。

「あの人はかしこい人間だ」「あの人はずるがしこい」

大人になっても、この言葉はしばしば用いられます。「かしこい」という言葉は、決して子どもだましの言葉ではありません。子どもであっても大人であっても、誰もが一緒に共有できる言葉です。このやりとりから、私と子どもたちの間で「かしこくなる」という言葉が合言葉になったのです。

子どもたちと目的地を共有する

先生と子どもたちは車の両輪です。同じ目的地を目指して走り出せればよいのですが、それぞれが目指す場所が違っていたら、スムーズに前へと進むことはできません。

先生がクラスづくりの第一歩としてやらなければならないこと。それは**「どこを目指していくのか?」**という目的地を子どもたちと共有していくことです。

「先生…学校ってどうして行かなければならないの?」

私が先生になりたての頃、クラスの子にこのような質問をされたことがありました。「学校に行くのは当たり前」と考えていた私は困り、「学校に行かないと将来困るからだよ」などと答え、適当に話を流しました。

しかし、世の中には学校へ行っていなくても立派なことをしている方々はたくさんいます。そう考えると、私の答えはその子を納得に導く答えではなかったでしょう。私はその子の問いかけをきっかけにして「どうして学校に行くのだろう」と考え始めました。

「どうして学校へ行かないといけないの？」

みなさんも、子どもからこの質問を投げかけられたことがありませんか？　この質問をされたときにあなたの口から出てきた言葉。それがあなたの考えている「目的地」です。

さて、あなたは何と答えるでしょうか？「何のために学校へ行くのか？」という問いに対する答えを、子どもたちにわかりやすく伝えられたときにようやく、子どもたちと先生は両輪となって目的地に向かって進み始めます。


「何のために学校へ行くのか？」

今の私はその質問に対して**「学校はかしこくなるために来るんだよ」**と答えることにしています。前の節で述べたように、この「かしこい」という言葉は誰もがイメージがしやすく、伝わりやすい言葉だからです。しかし、この言葉のすごさはこれだけではありません。この言葉は「伝わりやすい」ということ以外にも、とても深い意味があるのです。

「かしこい」の奥深さを考える

では「かしこい」という言葉の奥深さを考えていくために、少し頭の体操をしてみましょう。紙と鉛筆を準備してみてください。紙と鉛筆が準備できたら、今から私がする質問の答えをできるだけたくさん、思いつくだけ紙に書き留めてみてください。

準備はできましたか？　それでは質問です。

「かしこい人」とは「どんな力がある人」ですか？

か		力
し		力
こ		力
い		力

人　とはどんな力がある人ですか？

今回は遊びの要素を取り入れて「か・し・こ・い」を頭文字にしたあいうえお作文をつくってみましょう。さて、あなたはどんな力をあげるでしょうか？　一緒に取り組んだ人がいれば、答えを見せ合うのもいいですね。答えが書けたら、次のページを見てください。

ある勉強会で先生たちに同じ質問を投げかけてみたことがあります。

「えーっ？　なんだろう？」

「それぞれ1つだけですか？」

「うーん。どっちだろう？」

などとつぶやきながら、どの先生も一生懸命考えてくださいました。そのときの先生たちの答えを紹介します。ぜひご覧ください。皆さんの書いたものと同じ答えはあるでしょうか？

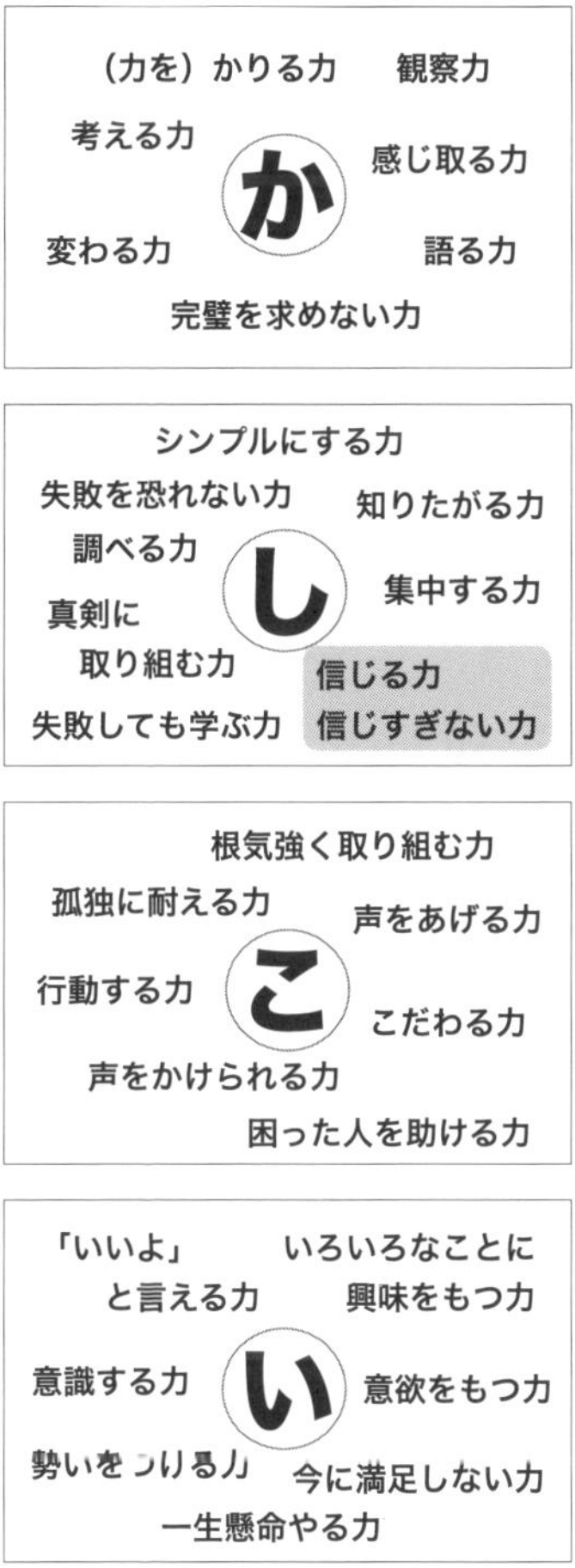
か
（力を）かりる力
観察力
考える力
感じ取る力
変わる力
語る力
完璧を求めない力
し
シンプルにする力
失敗を恐れない力
知りたがる力
調べる力
集中する力
真剣に取り組む力
信じる力
信じすぎない力
失敗しても学ぶ力
こ
根気強く取り組む力
孤独に耐える力
声をあげる力
行動する力
こだわる力
声をかけられる力
困った人を助ける力
い
「いいよ」と言える力
いろいろなことに興味をもつ力
意識する力
意欲をもつ力
勢いをつける力
今に満足しない力
一生懸命やる力

いかがだったでしょうか。あなたが紙に書いたものと同じ答えはあったでしょうか？

それとも全然違うものだったでしょうか？

先生方の考えたこれらの答えを目にしたとき、私は面白いことに気づきました。それは、

「かしこい」という言葉は**「真逆と思われることも包み込んでしまう」**

ということです。例えば、先ほど紹介した答えの「し」の右下をご覧ください。

ある先生は「かしこい人は人を**信じる力**がある！」と答えました。

しかし、違う先生は「かしこい人は人を**信じすぎない力**が必要だ！」と答えたのです。

これはどちらかが間違っているのでしょうか？

いえいえ。これらはどちらの先生の考えも「正しい」と言えるでしょう。

「かしこさ」には、1つの決まった答えがあるわけではありません。そのときの状況・周囲の環境・自分の価値観などによって、答えは様々に変化します。つまり「かしこさ」とは人の数だけ存在するのです。誰もがイメージできるけれども、はっきりとした形がない。これが「かしこい」という言葉のもつ大きな力です。

どのような振る舞いが「かしこい」のだろうか？
今自分がしている行動は「かしこい」と言えるのだろうか？
自分の追い求めたい「かしこさ」とは何なのだろうか？

このような視点で自分や周りの言動を見つめ直していくと、今までとは違ったものの捉え方ができるようになっていきます。そのような思考は、確実に先生や子どもたちの内面を深めていくでしょう。

形はない。それなのにみんなで共有できる。そんな不思議な言葉が「かしこい」という言葉です。「かしこさ」というわかりやすく、かつ奥深い言葉を教室で共有していくことで子どもたちが自分自身を外側から見つめる力を養っていきましょう。

「かしこさ」を教室のみんなが目指す目的地として設定する。そして「かしこさ」の意味を子どもたちと考えながら、共に創り上げていく。そんな毎日の積み重ねが子どもたちを成長へと導いていくのです。

第2章

「かしこさの階段」で段階を見極める

かしこさには段階がある

人に暴力を振るう　暴言をわめきちらす　人の物を隠す
学習に取り組もうとしない　表情が暗く覇気がない…

教室の中にいる「気になる」子どもたち。文部科学省が毎年行っている「児童生徒の問題行動・不登校等生徒指導上の諸課題に関する調査」においても、暴力行為を行う子どもたちの数は年を追うごとに増加しています。このような子どもたちへの対応に、先生たちは日々頭を悩ませています。では、冒頭に述べたような「気になる子」にも「かしこくなったね！」と声をかけていくためには、どうすればよいのでしょうか？

そこで紹介したいのが「かしこさの階段」という図です。この図は、人が「かしこさ」を身につけていくときにどのような段階を辿っていくのかをわかりやすく表した図です。かしこさの階段には、それぞれの段階ごとに名前が書いてあります。

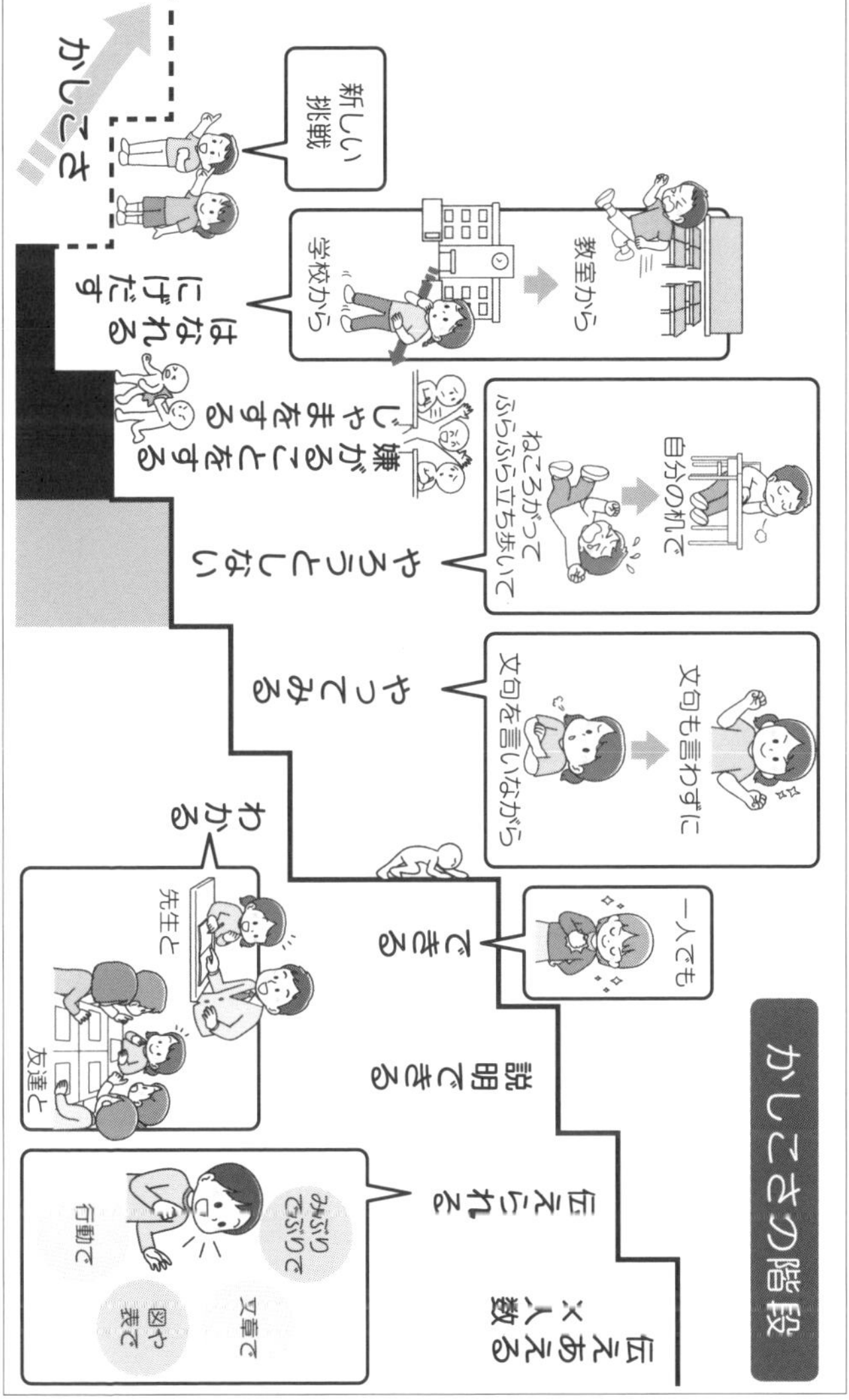
かしこさの階段
伝えあえる
人×数
伝えられる
文章で
図や表で
みぶりてぶりで
行動で
説明できる
先生と
友達と
できる
一人でも
わかる
やってみる
文句も言わずに
文句を言いながら
やろうとしない
自分の机で
ねころがってふらふら立ち歩いて
嫌がることをする
じゃまをする
はなれる
にげだす
教室から
学校から
新しい挑戦
かしこさ

その段階とは、

①離れる・逃げ出す
②じゃまをする・嫌がることをする
③やろうとしない
④やってみる
⑤わかる
⑥できる
⑦説明できる
⑧伝えられる
⑨伝え合える（×人数）

となっています。

これらの段階をもう少し大きく分類すると**「ホップ期・ステップ期・ジャンプ期」**の3つに分けられます。その3つとは、

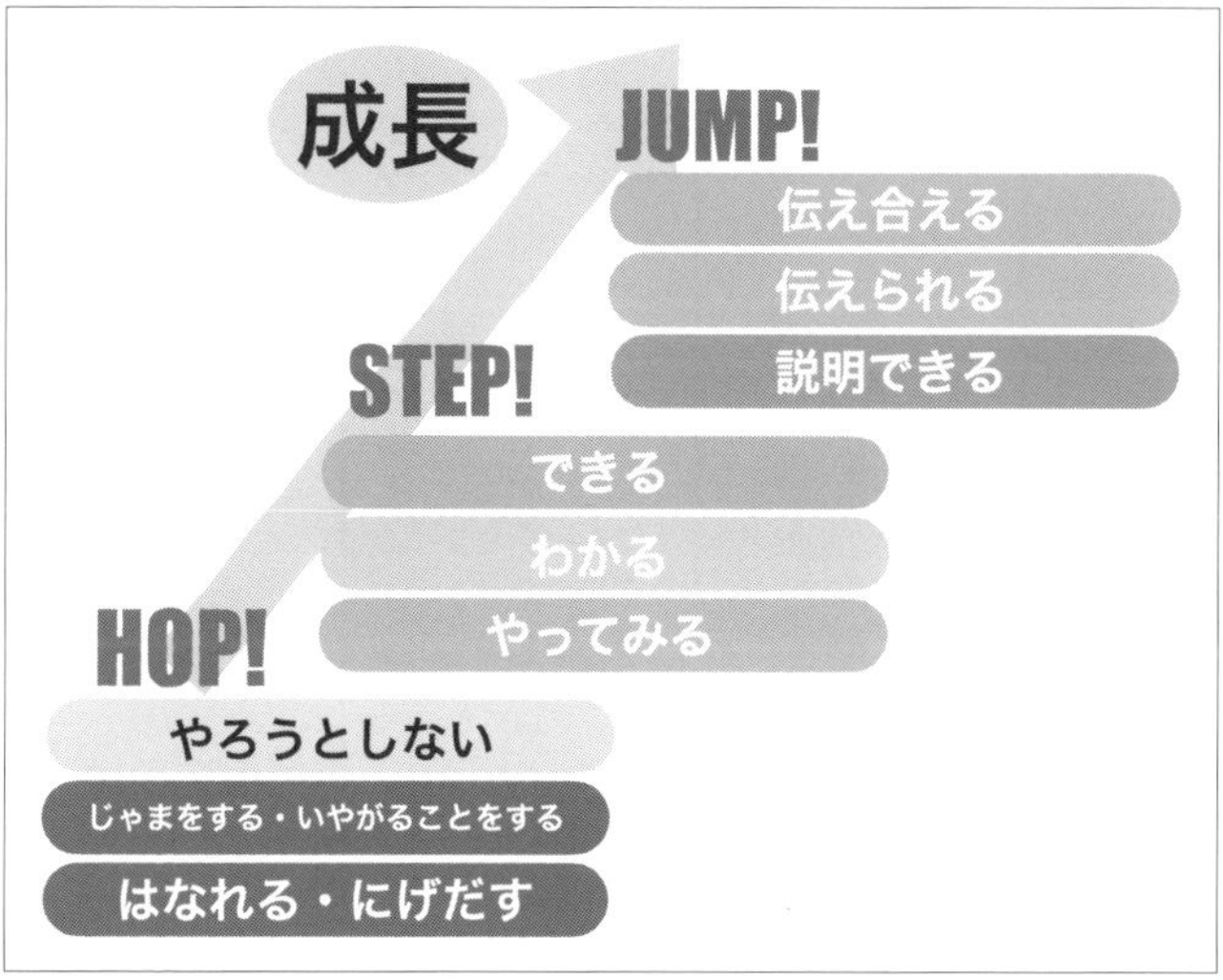

ホップ期…「離れる・逃げ出す」「じゃまをする・嫌がることをする」「やろうとしない」

ステップ期…「やってみる」「わかる」「できる」

ジャンプ期…「説明できる」「伝えられる」「伝え合える（×人数）」

となります。人は必ずこの「かしこさの階段」のどこかの段階にいます。自分が今どこの段階にいるのか？ それを自分自身が理解することで、人は大きく成長していくことができます。それでは、それぞれの段階について詳しく考えていきましょう。

「ホップ期」の子どもたち

「ホップ期」とは？

ホップ期とは、**子どもたちが学びに向き合うための心の準備をするための段階**です。先ほど述べた通り、ホップ期には全部で3つの段階があります。その段階とは、

①離れる・逃げ出す
②じゃまをする・嫌がることをする
③やろうとしない

という段階です。教室の気になる子というのは、この段階にいることが多いのではないでしょうか。

　ホップ期の子が教室に多数いると、先生の支援が行き届きにくくなります。その結果、学級が落ち着かなくなっていき、最悪のケースになると学級崩壊へと至ってしまうこともあります。

　この「ホップ期」にいる子どもたちについていかに理解を深め、ステップ期・ジャンプ期へと導いていくかが、学級を安定させていくために重要になってきます。それでは、それぞれの段階の子の特徴を具体的に説明していきましょう。

「ホップ期」１段目「離れる・逃げ出す」

　この段階にいる子は、何らかの原因で目の前の現実から距離を置こうとしている子です。

　距離の取り方には２つのパターンがあります。

1つ目は「離れて距離をとる」というパターンです。2つ目は「逃げ出して距離をとる」というパターンです。それぞれ説明をしていきましょう。

「離れる子」と「逃げ出す子」

「一旦離れる」という選択をしている子と「現実から逃げ出そうとしている」子を見分けるための方法。それは**その子の「心の目線」を感じ取る**ことです。「本当は学校（教室）でみんなと過ごしたい。でも心が疲れてしまっていて行くことができない」と思っているならば、その子の心の目は学校（教室）へと向いています。心の目は学校へと向いているけれど、一歩が踏み出せないだけなのです。このような子は「離れる」という選択をしている子と考えることができます。

一方、「逃げ出している子」というのは、心の目が学校（教室）に向いていません。

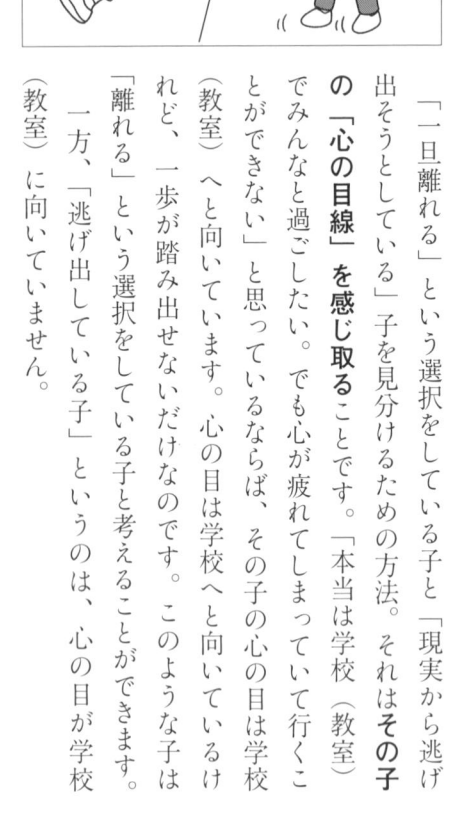

・集中できず、授業中でも廊下をふらふら歩いている
・トイレに頻繁に行く。そしてなかなか戻ってこない
・教室には入らずに、自分の好きな場所で好き勝手な行為をしている

思い浮かぶ子はいませんか？　このような状況の子どもたちは「逃げ出す」という選択をしています。登校はしているけれど教室に入ろうとしない。もしくは、教室の中に留まることが難しい。このような状況にある子どもたちのことです。授業に集中できずに廊下に飛び出す。先生が対話をしようとしても「めんどくせー」「やりたくねー」「こっちにくんな」と口にする子を多く目にします。このような子は、心の目が教室へ向いてはいません。この場合は「逃げ出している子」と考えることができるでしょう。

以前、このようなこともありました。授業に参加できずに教室から飛び出してしまったA君の話です。授業を飛び出したA君。廊下で私に呼び止められました。気まずそうな顔をしているA君に、私は「かしこさの階段」を見せながら話しかけました。
「君は、教室を抜け出してきちゃったんだね。勉強が苦手なのかな？　でもA君はすごい

ね。だってA君は今日学校に来たんでしょ？　勉強が嫌いだったら、学校を休むことだってできたよね。嫌なことから逃げずに学校に登校した。それはすごいことだよね」

対話を通してA君はやる気を取り戻し、教室へと戻っていきました。

この段階にいる子に大切なこと。それは「自分は全くダメなわけではないんだ」と感じさせてあげることです。

「あなたは教室から逃げ出している！　だからダメだ！」という叱責のために「かしこさの階段」を使っては、子どもたちはどんどん自分を責めるようになります。そうではなく、「学校からは逃げていないよね」とできていることをきちんと認め、その上で「大丈夫！　君なら伸びるよ！」と励ましていくのです。

「この先生はダメなことをしている自分の良さをきちんと認めて励ましてくれるな」

そう感じてもらうために「かしこさの階段」を活用していきましょう。ホップ期の子は心に傷を負っていて、挑戦する勇気をもてずにいることが多くあります。そういう子にこそ「安心感」に満ちた対話を重ねていきたいものです。

「離れること」と「逃げ出すこと」は違う

以前、保健室登校をしていたBさんが、ため息をつきながら私に言いました。

「私…教室に入ってみんなと過ごしたい…でも教室に行こうとすると体が重くなって…」

Bさんには、休み時間に様子を見にきてくれる友達がたくさんいました。友達が教室へ誘っても、なかなか教室へと入ることができないBさん。彼女はそんな自分を責めていました。

そこで私は「かしこさの階段」を見せながらBさんに伝えました。

「Bさん。あなたは今『教室に入ってみんなと過ごしたい』って言っていたよね。その言葉、本当にすてきだなぁと感じたよ。Bさんは自分を責めているみたいだけど、本当にそうなのかな？　だって、あなたの心の目は教室へと向いているよね。**それは逃げているわけじゃない。一旦離れているだけなんだよ。**逃げることと離れることをごちゃまぜにするから苦しくなるんだよ。つらいときは一旦離れてもいいんだよ」

Bさんは私の話を真剣に聞いてくれました。

不登校の子を励ます

近年、不登校の子どもたちの増加が大きな話題となっています。前の日は行こうと思っていたのに、朝になると行けなくなってしまう…。学校に行こうと思って家を出たけれど、学校が近づくと足が止まってしまう…。

このような子どもたちを多く目にします。このような子には、対話を通して「心の目線」がどこを向いているのかを感じ取ってあげたいものです。対話する中で「学校（教室）へ行きたい気持ちがある」と口にしているならば、かしこさの階段を見せながら**「あなたは逃げてはいないよ。一旦離れているだけなんだよ」「あなたがかしこさの階段を上っていけるように先生は全力で支えるよ」**と伝え、励ましてあげましょう。

では「心の目線」が学校へと向いていない場合は、どうすればよいのでしょうか？　このような子に「学校へ来なさい」と要求しても、多くの場合うまくいきません。「いきたくねー」と口にしている子ならば、間違いなく反発します。心に大きな傷を負っている子の場合、この言葉によってますますその子を追い詰めてしまう可能性もあります。

そんなときに活用するのが「かしこさの階段」の一番左にある「新しい挑戦」の段です。

「今は学校から心が離れているんだね。でも、別にそれでもいいんだよ。この段を見てね。大切なことは、あなたが新しく挑戦したい何かを見つけ出していくことだからね。階段は1つだけじゃないよ。あなたが挑戦したいと思えるものが見つかるように願っているよ」

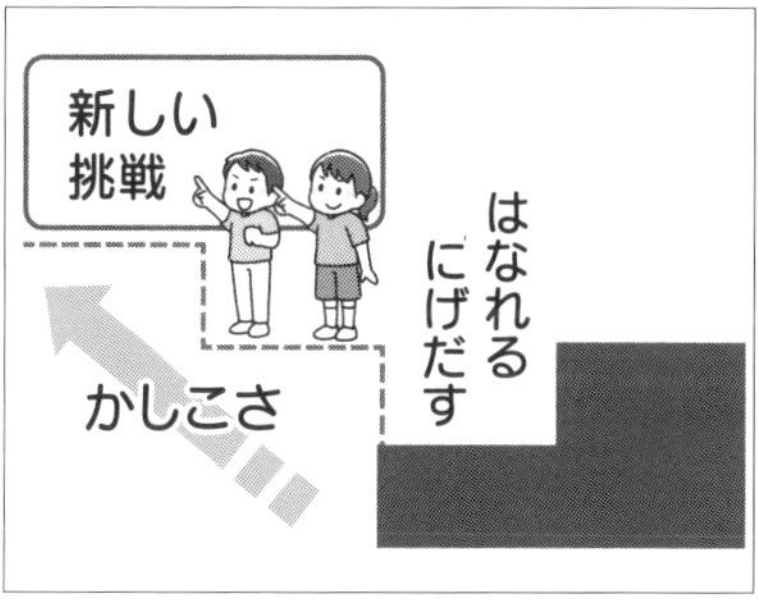

私たち大人の役割とはなんでしょうか？

その子がたとえ逃げ出してしまったとしても、温かく受け止めつつ、逃げてしまう自分ときちんと向き合えるように対話を重ね、新しい挑戦へと導いていくことなのではないでしょうか？

どんな状況であっても、何かに挑戦しようとする心がかしこさへとつながっていくのだ。

不登校の子だからこそ、そんなメッセージを日々伝えていきたいものです。

「ホップ期」２段目「じゃまをする・嫌がることをする」

この段階にいる子は、基本的に教室の中で過ごしています。しかし、授業中に人にちょっかいを出したり、嫌がることをしたりして他人の気を引くことが多くあります。

・ふらふら立ち歩いて、友達の勉強のじゃまをする
・黒板の前に立って授業妨害をする
・友達の物を取って隠す…

など、その妨害方法は様々です。

この段階にいる子がクラスに数名いると、集団で授業を妨害するという行為にもつながっていきます。この段階にいる子の多くは、基本的に教室から飛び出すことはしません。注目されたいという思いを強くもっているからです。「先生やクラスメイトに注目してもらいたい」という思いが「じゃまをしたり、嫌がることをしたりする」という行為を生み出していることが多いのです。

先ほどの「離れる」という段階の子どもたちは、つらい感情を**「自分の内側」**にためていきます。それに対してこの「じゃまをする・嫌がることをする」という段階の子どもたちは、感情を**「自分の外側」**に発散させていきます。

先日、ある勉強会でこの「かしこさの階段」の紹介をしたときに、参加した方からこのように質問をされました。

かしこさの階段では「離れる・逃げ出す子」が一番下にいますよね。でも「じゃまをする・嫌がることをする子」の方が、かしこさの段階としては下なのではありませんか？

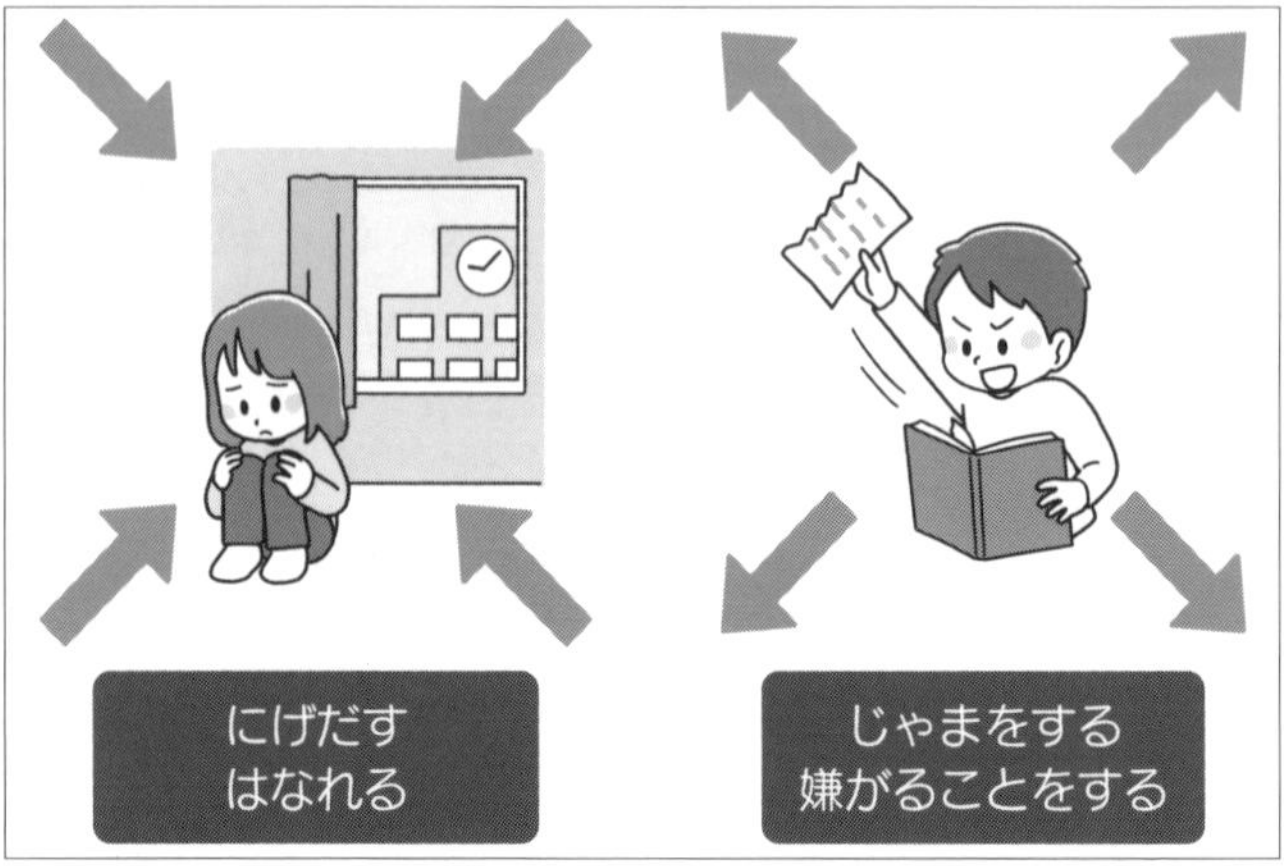

どう考えても「じゃまをする・嫌がることをする子」の方が悪質だと思うのですが？

そのように考える理由もうなずけます。「じゃまをする・嫌がることをする子」よりも「離れる・逃げ出す子」の方が教室内の迷惑にはなりません。

しかし、私はその考えは違うと考えています。

「じゃまをする・嫌がることをする」という子は「注目してほしい」という感情を（間違った方法ではありますが）教室内で表現することができています。しかし、「離れる・逃げ出す」段階にいる子は、その感情すら表現することができていません。できない自分を責め続け、今の状態から抜け出せずにいるのです。

まずは（たとえ間違った方向であっても）感情を

出せるようにすること。それがかしこさの階段を上るためには大切だと思うのです。

「確かにやっていることは間違っている。**でもあの子は自分の感情を表現できている**」

問題行動を起こす子どもたちに、このようなまなざしを向けることができたならば、その先生の口から出る言葉もやわらかく変化していくことでしょう。

「ホップ期」３段目「やろうとしない」

ホップ期の３段目。それは「やろうとしない」という段階です。

この段階の子は２段目の「じゃまをする・嫌がることをする」の段階にいる子のように、教室内で迷惑行為を行うわけではありません。しかし、前向きに授業に参加することがなかなかできません。

この「やろうとしない」という段階の子も、厳密に言えば２つに分けることができます。

その見分け方は「自分の席に座っている（自分の場所にいる）かどうか」です。

寝転がってやろうとしない・ふらふら立ち歩いてやろうとしない

以前担任したC君は集中力がもたず、やる気がなくなるとすぐに席から離れてふらふら立ち歩く子でした。調子が悪いときは、机の横に寝転んで動こうとしません。抱き上げて席に座らせようとしても、タコのように全身の力を抜き、席に座ろうとしないのです。

教室の中で自分の居場所にとどまることができない。このような状態の子が**「寝転がってやろうとしない・ふらふら立ち歩いてやろうとしない」**という段階の子です。感情のコントロールが難しい子の場合、床に寝転がって「やりたくない！」と大騒ぎする子もいます。年齢が低い子にしばしば見られがちな行動です。

座っているけれどやろうとしない

これをお読みいただいている方は、この段階の子をたくさん思い浮かべることができるのではないでしょうか。

・自分の席に座っているけれど鉛筆を持とうとしない
・話を聞かずに手いじりをしている
・筆箱の中身を出して遊んでいる

このような子どもたちです。この子たちは自分の席に座っているので「離れる・逃げ出す」「じゃまをする」という段階の子とは違います。「みんなと一緒に授業を受けよう」「学習してかしこくなろう」という気持ちをもつことはできているのです。しかし、その気持ちをうまく保つことができず、集中力が途切れてしまう。そんな子どもたちです。

このような子どもたちは、クラスの中にたくさんいます。学級を成長へと導いていくために大切なことは、このような子どもたちをかしこさの階段の下段に降ろさないことです。

4月は落ち着いていた教室。しかし、時間が経つにつれて教室が落ち着かなくなり、最終的には学級が騒乱状態に陥ってしまう。このようなことが起きるのは、この「席に座ってやろうとしない」という階段にいる子どもたちが次々とかしこさの階段を降りていくのを止めることができなかったからなのです。

初めは席に座っていた子が時間の経過とともにふらふら立ち歩き始める。そして、次第に友達のじゃまをし始め、最終的には教室から逃げ出していく…。

このような負の連鎖を断ち切るためにも、この「かしこさの階段」でその子の現状を把握しておくことが重要です。そして階段の下へと降りていく兆候を感じたら、その子と「かしこさの階段」を見ながらきちんと対話を重ねていく必要があります。

ホップ期の「やろうとしない」という段階にいる子どもたちを下段に下ろすことなく、次の「ステップ期」へといかに導いていくか？　それを考えていくことが、学級を成長へと導いていく上でとても大切になってきます。

「ホップ期」まとめ

「離れる・逃げ出す」
「じゃまをする・嫌がることをする」
「やろうとしない」

この段階にいるのが「ホップ期」の子どもたちです。「ホップ期」とは言わば**「学びのスタートラインに立つための準備期間」**です。

学級には様々な子どもたちがいます。その中には、学びのスタートラインに立つことすら難しい子が必ずいるものです。先生の目には、この「ホップ期」にいる子どもたちは、すべて「困った子」に映りがちです。そのため「どうしてそんなこともできないの？」という叱責や「あの子はどうせダメだよ」というあきらめにつながりがちです。しかし、この「ホップ期」の段階が理解できれば、その子自身も小さな成長を重ねていることが見えてくるでしょう。

今まで教室から逃げ出し続けていた子が、友達にちょっかいを出しながらも教室で過ご

せたならば、それは「教室から逃げ出す」から「人のじゃまをする」という段階へと上ったことになります。

今まで床に寝転がって学習に取り組もうとしなかった子が、席に座って鉛筆をいじっていたならば、それは「寝転がってやろうとしない」から「座っているけどやろうとしない」という段階へと上ったことになるのです。

このように「かしこさの階段」に照らし合わせながら、子どもたちの小さな成長を見つけていくこと。それが先生の温かいまなざしを生み出していきます。その温かいまなざしが子どもたちへの肯定的な言葉かけへとつながっていくのです。

ただし、肝に銘じておかなければならないことがあります。それは**「人の成長は階段を上るよう**

に訪れるわけではない」ということです。

「前はできていたのに、どうしてできないの？」

などという言葉をかけるのは避けるべきです。教室から逃げ出していた子が、教室の中に入れた。しかし、次の時間には再び教室に入れなかった。そのようなことはよくあることなのです。一度かしこさの階段を上れたとしても、その後、子どもたちがすんなりとその段階に留まることができるわけではないのです。

「かしこさの階段を何度も上り下りしていく中で、少しずつ成長していくものなんだよ」

そんな風に先生が言葉をかけてあげたならば、きっとその子は安心して挑戦を続けていけるでしょう。これは「ホップ期」に関わらず、どの段階においても重要なことです。

「何度も挑戦していくうちに必ず上れるようになるよ！」

「君は一度上ることができたのだから、また必ず上れるようになるはずだよ！」

「かしこさの階段」を活用しながら、このような肯定的な言葉をかけ続けていきましょう。その言葉がその子に安心感を与え、成長へと導いていくはずです。

「ステップ期」の子どもたち

「ステップ期」とは？

「かしこさの階段」における「ステップ期」とは、**子どもたちが学びに向き合うための心の準備を終え、学びに向かって走り出す時期**のことです。ホップ期と同じく、ステップ期にも3つの段階があります。

その段階とは**「やってみる」「わかる」「できる」**の3段階です。

落ち着いている学級であれば、大多数の子がこの段階にいます。この段階にいる子は、基本的に素直に学習に向かいます。そのため先生は「この子たちは自分たちでできるから大丈夫」と思いがちになり、気になる子（ホップ期の子）の対応に追われがちです。しか

し、実はこのステップ期にいる子どもたちにこそ、しっかりと気を配り、目をかけ、伸ばしてあげることがとても大切なのです。では、ステップ期の子どもたちにはどのような特徴があるのでしょうか。説明していきたいと思います。

「ステップ期」1段目「やってみる」

ステップ期の1段目。それは「やってみる」という段階です。

この段階の子どもたちはホップ期の子どもたちとは違って、学習にしっかりと向き合おうとしています。やりたくないからといって、授業を妨害したり、教室から逃げ出したりす

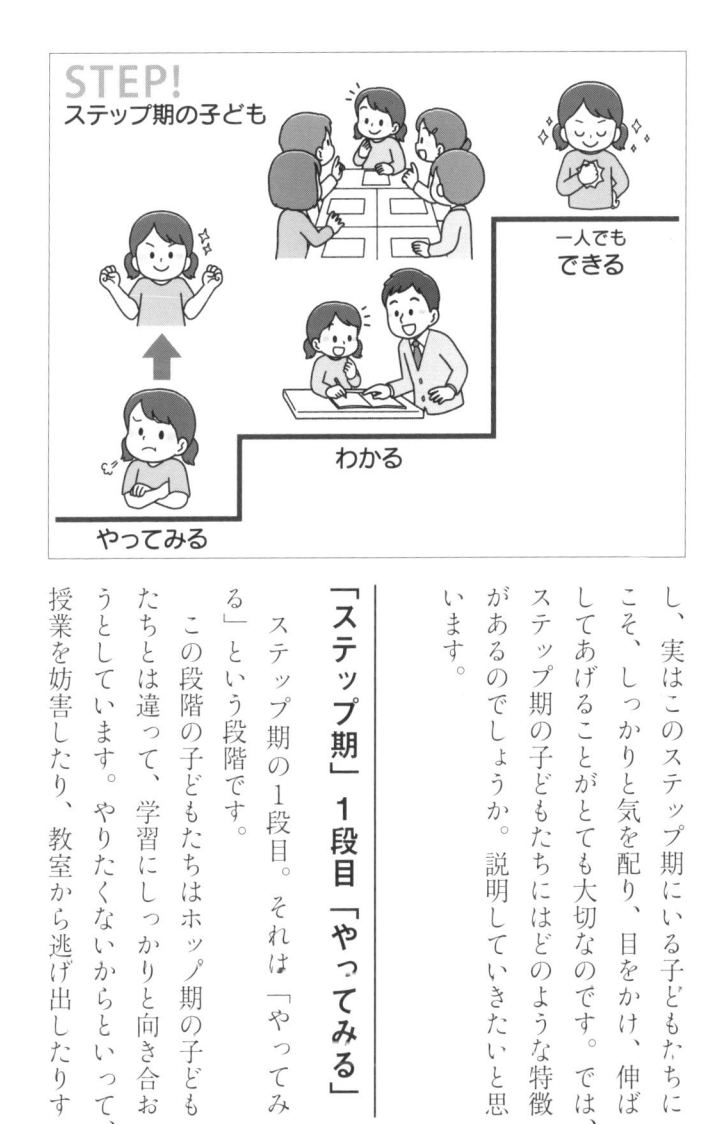

ることはありません。

「やってみる」の段階の子どもたちも、細かく分けるとさらに2つの段階に分けることができます。その見分け方のキーワードとなるのは**「文句（もんく）」**です。

文句（もんく）を言いながらもやってみる

この段階にいる子は、やらなければならないことに向き合う際に「否定的な言葉（文句）」を口にします。

「こんなのやりたくねー」「めんどくせー」というはっきりした不平不満や、「こんなの絶対にできないよ」「自分はバカだから」といったネガティブなつぶやきなど、文句にも様々な種類があります。

この段階にいる子の特徴としてあげられるのは「自分に自信がない」ということです。過去の失敗体験から自信を失っていたり、「できないことはダメなこと」と思い込んでいたりする場合が多くあります。そういう不安な気持ちを、「文句」を口にすることで紛らわせているのです。

以前担任したD君もそんな子でした。授業の冒頭に私が「今日はこの課題をしようね」と伝えます。すると、D君は毎回必ず「えーっ！」と言うのです。課題を配付して取り組んでいるときも「こんな問題、絶対にできないよ…」とぶつぶつ言い続けます。

いかがでしょうか？　D君のような子はどの学級にもいるのではないでしょうか。こんなとき、先生は「だまってやりなさい」と指導しがちです。しかし、この子の不安を受け止め、「かしこさの階段」を見せながらこのように伝えてみてはどうでしょうか？

「D君はちょっと自信がないんだね。でも大丈夫だよ。自信がなくてもあなたは、逃げ出したり、人のじゃまをしたりしていないよね。それってすごいことなんだよ。問題が難しいなら飛ばしてもいいからね。答えが間違っていてもいいからね。チャレンジすることが大切なんだよ」

D君のことを「文句を言って反抗している子」と考えるのは簡単です。でも、一歩立ち止まって**「不安な気持ちがネガティブな言葉を言わせているのかもしれない」**と考える心の余裕が大切です。文句を言っている子の不安な気持ちを受け止めつつ、チャレンジすることの価値を伝えながら、その子を成長へと導いていきたいものです。

文句（もんく）も言わずにやってみる

この段階にいる子は、たとえ不安を感じていたとしても、その不安を心の中で上手に処理して課題に向き合うことができます。どのような課題にも、まずは取り組もうとする姿勢が身についていています。

落ち着いた学級ならば、大多数の子はこの段階にいます。そのため、先生はこの段階にいる子を「当たり前」と思いがちです。しかし、「不安を感じていても、とりあえず挑戦してみよう」と思えることは、実はとてもすごいことなのです。

以前担任したE君は、一生懸命に課題に取り組む子でした。しかし、勉強が苦手で、問題を解いても間違えてばかりいました。ある日、E君と一緒に算数の勉強をしていたとき、彼が言いました。

「僕は頭が悪いから…」

E君は何度練習しても算数の問題が解けるようにならなくて自信を失っていたのです。そのとき、私は「かしこさの階段」を見せながらE君に次のように伝えました。

「E君は自分のことを頭が悪いって言っているけど、そんなことは決してないんだよ。先生はE君とずっと一緒に過ごしてきたけど、あなたは絶対に逃げ出したり、やりたくないって暴れたりしなかったよね。文句も言わずに、いつもきちんと学習に向き合っていたよね。苦手なことでもかしこさの階段の4段目から降りなかったよね。これってすごいことだよ。鉛筆を持ってみる。問題を解いてみる。先生に見せにくる。間違えた問題をもう一度やり直す…。**この一つ一つが『やってみる』っていうことなんだよ。人は挑戦した分だけかしこくなるんだ。できる・できないなんて関係ないんだよ**」

私の言葉にE君は真剣な顔でうなずいてくれました。

自分に自信がない子は常に「できる・できない」に囚われています。しかし、一番大切なのは「やってみる」こと。すなわち挑戦することです。文句も言わずに取り組む姿勢が見られたら、その前向きな気持ちを大いに認めてあげたいものです。文句を言わずに取り組む姿勢を「当たり前」とは考えず「すばらしいこと」と認めていく。その積み重ねが子どもたちの心にやる気を刻み、挑戦することへの不安を払拭していくのです。

「ステップ期」2段目「わかる」

「ステップ期」の2段目は「わかる」の段階です。

この段階にいる子どもたちは、基本的に自分で課題に取り組んだり、友達と学び合ったりすることもできます。先生の「それでは、やってみましょう」という言葉の後に、自分で学びのスタートを切ることができる子どもたちです。

そういう子どもたちの中にも「1人でやるとわからないんだけど、友達と一緒ならできそう」という子がいます。また、「先生に教えてもらいながらやりたい」という子もいます。

1人でやるのは難しいけれど、誰かの助けがあればできそう。そういう段階にいるのが「わかる」の段階の子どもたちなのです。

以前担任したF君は非常に活発な男の子でした。友達に聞いたり、先生に質問したりしながら、一生懸命に学びを進めていくことができる子でした。

算数の時間、F君は仲良しの友達に教えてもらいながら問題を進めていました。解き方を教えてもらった後、「やり方がわかったよ。ありがとう！」と言って、F君は自分のノートに丸をつけました。

私はその姿を見て「F君。今友達に教えてもらってできた問題があるよね？　その問題をもう一度、1人で解いてみてごらん」とアドバイスしました。素直なF君はうなずいて、もう一度問題を解き始めました。すると、次第に表情が曇り始めました。そして「あれっ？　ここからどうやるんだっけ？」とつぶやいたのです。

「わかる」の段階の子は学習意欲も高く、非常に積極的です。そのため、声をかけなくてもしっかりと学習に取り組み、理解を深めているように見えるでしょう。

しかし、実際に確かめてみると、実はよく理解できておらず、**1人でやってみるとできない**ということがあるのです。私はこの状況を**「わかるとできるの間」**と呼んでいます。

友達や先生と一緒にやるとできるんだけど、1人でやってみるとなかなかできない。そういう子はまだ「わかる」の段階にいると言えるでしょう。これが理解できた子どもたちは、次第に「自分1人の力でできるかどうか」の確かめを始めます。

「教えてもらったことをもう一度、自分の力でやってみよう」

というように、自分の理解度を確かめながら学習を進めていく姿が見られたならば、その気持ちを大いに励ましてあげたいものです。

「ステップ期」3段目「できる」

「ステップ期」の3段目は「できる」という段階です。

「できる」の段階の子は、友達や先生の力を借りなくても自分1人で学びを進めていくことができます。「1人でも学習を進めていける」という状況ならば、その子は「できる」という段階にいると言えるでしょう。

学校教育の中でこの「できる」の段階にいるかをチェックするために用いられるのが「テスト」です。大部分のテストは1人でできるかどうかを確かめます。友達と話し合いながら取り組めるテストはほぼありません。つまり、テストというのは「1人でもできるか？」つまり「できる」の段階にいるかを確かめるためのものなのです。

授業で先生に教えてもらったときはできていたのに、テスト本番になった途端にできなくなってしまった…。

このような経験は誰もがあるのではないでしょうか？　この状況が「わかっていたけれど、できなかった」つまり、先ほど述べた**「わかるとできるの間」**にいるということです。

これは学習だけではなく、日常生活においても同じです。

G君の例をあげましょう。

私が廊下を歩いていると、G君がすごい勢いで走ってきて、私にぶつかりそうになりました。ギリギリでかわすことができたため、幸い大事故には至りませんでした。G君は「廊下を走った所を見つかっちゃった…」というバツの悪い顔をしています。そこで私は「G君。廊下は走っていいのかな？」と問いかけました。G君は首を振ります。

私と一緒にいたならば、G君はきっと廊下を走ることはなかったでしょう。しかし、G君は「早く遊びに行きたい！」という気持ちを抑えきれず、廊下を走ってしまったのです。

先生と一緒ならばできるのに、1人になったらできなくなってしまった。…ということは

「（1人でも）できる」の段階にいるとは言えません。

「わかっているけど、なかなかできない」

このようなことは、私たちの身の回りにたくさんあふれているのではないでしょうか？　自分の弱い気持ちに流されることなく、正しい行動を貫くのはとても難しいものです。

「わかっていてもできないっていうこと、あるよね……」

「どうしたら、『できる』の段階に上れるのだろう？」

このように問いかけながら、子どもたちと一緒に「わかるとできるの間」について考えていきたいものです。

Yちゃんの成長

私の学級では朝の会に黒板の前で朝のあいさつをする子がいます。今日は出席番号1番の子。明日は2番の子…というように、日替わりであいさつする子が変わります。

「今日は中休みに係のイベントがありますね。みんなで協力して楽しいイベントにしましょう。おはようございます！」

というように、クラスのみんなに伝えたいメッセージを伝えてからあいさつをするのです。これは「かしこさの階段」で言うと「伝えられる」を目指しています。しかし、当然ながらこれが苦手な子もいます。Ｙちゃんもそうでした。Ｙちゃんはとても恥ずかしがり屋の女の子です。「朝のあいさつ、Ｙさんお願いします」と日直の子が言いました。それを聞いてＹちゃんは机の下にしゃがみこんでしまいました。しかし、恥ずかしくなって机の下にしゃがみこんでしまいました。私はその様子を見て、教室の子どもたちに問いかけました。

私「Ｙちゃんは今『かしこさの階段』のどこにいると思う？」

子「やろうとしない」

私「今はそうだよね。でも、さっきＹちゃんが一瞬立ち上がったのを見ましたか？」

子「うん。立ったよね」

私「先生はそこがすごいと思ったんだよね。Ｙちゃんはみんなの前で話すのが苦手だと思うんだ。それなのにさっき勇気を出して**立ち上がってやってみようとした**んだよ。今は机の下にしゃがみこんでいるけれど、**Ｙちゃんは今日『やってみる』の所まで勇気を出して上ったんだね**」

子「たしかに！　Ｙちゃんすごいね！」

Yちゃんは机の下で私たちの対話に耳を傾けていました。後になってYちゃんが話してくれたのですが、Yちゃんはこのとき、あいさつができなかったことで怒られるに違いないと感じて、座りこんでしまったそうです。この出来事の後、Yちゃんはどんどん成長していきます。次の番になるとみんなの前に立つことができました。教室の子どもたちは**「やってみるのレベルがあがったね！」**と喜んでいました。その次の番では、日直の子に助けてもらいながら、声を出してあいさつをすることができました。子どもたちは**「友達と一緒に頑張れたから『わかる』の段に上れたね」**と、Yちゃんを励ましてくれました。このように、教室のみんなに支えられながら挑戦を重ねていった結果、2学期にはYちゃんは1人で朝のあいさつができるようになりました。

「かしこさの階段」のすばらしいところは、**教室内の子どもたちと先生が成長の様子を共有できる**ことです。先生が適切に声をかけることで、子どもたちは**「できた・できなかった」ではなくて、かしこさの階段を上るための一歩を踏み出せたかどうかを見つめられるようになる**のです。そのような温かい雰囲気で満たされていたら、Yちゃんのような子であっても安心して挑戦を重ねることができるでしょう。友達の小さな成長を感じ取り、喜び合える。そんなクラスをつくるために「かしこさの階段」を活かしていきましょう。

「ステップ期」まとめ

「やってみる」「わかる」「できる」

この段階にいるのが「ステップ期」の子どもたちです。この段階から子どもたちがこぼれ始めると、クラスは途端に荒れ始めます。しかし、この段階にいる子どもたちにきちんと目標を示し、上の段へと導いていくことができれば、クラスの学びはどんどん深まっていくでしょう。

実は、「かしこさの階段」の中には一箇所だけ階段の高さが違う段があります。それに気づいた方はいるでしょうか？　図を見るとお分かりのように「ステップ期」の「わかる」と「できる」の間は高さが他の段よりも高くなっています。

先ほども述べたように、日常には「わかっているけれどできない」という場面がたくさんあります。そのような場面を目にしたとき、昔の私は「どうしてできないの？」という

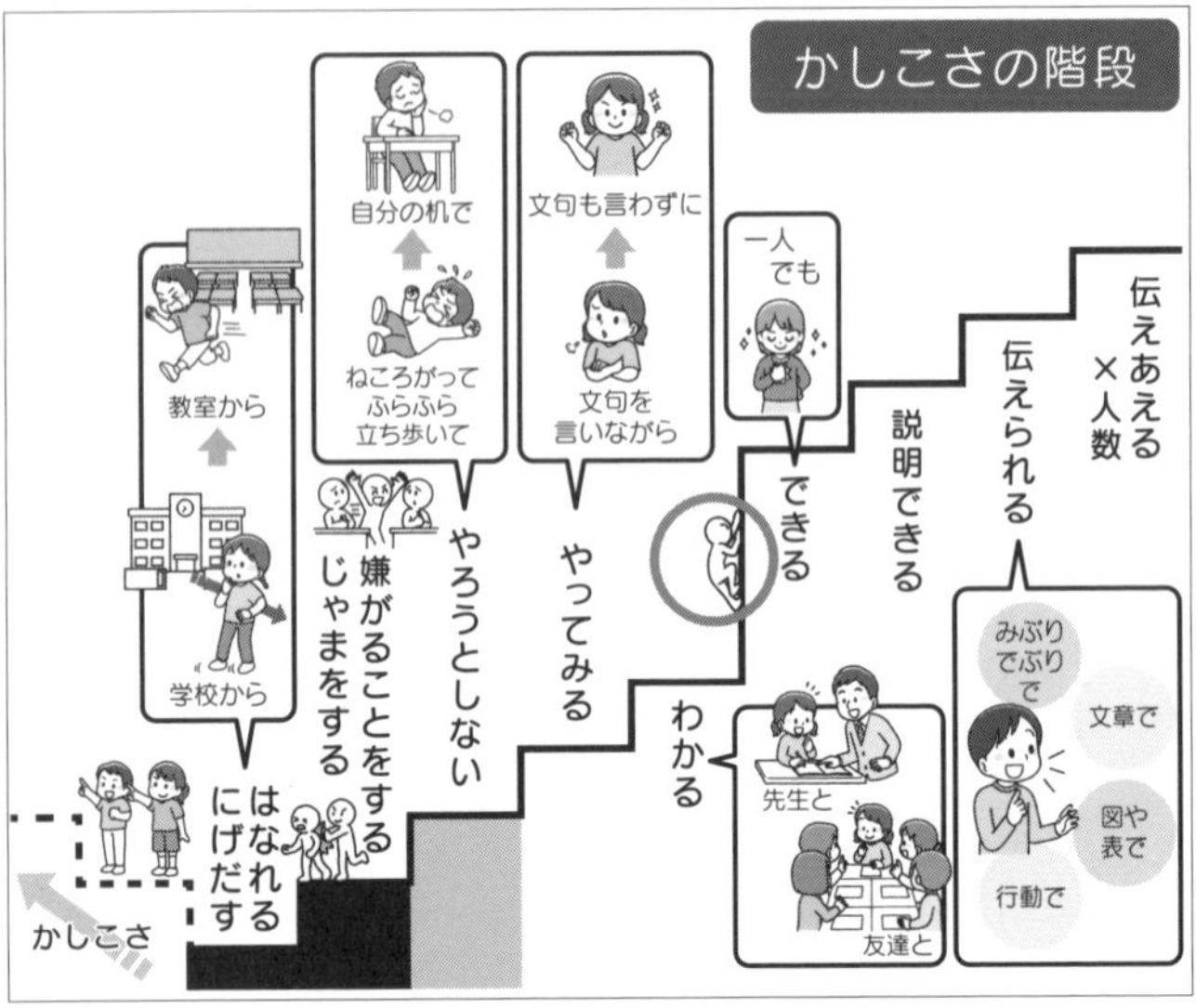
かしこさの階段
伝えあえる×人数
伝えられる
みぶりでぶりで
文章で
図や表で
行動で
説明できる
できる
一人でも
わかる
先生と
友達と
やってみる
文句も言わずに
文句を言いながら
やろうとしない
自分の机で
ねころがってふらふら立ち歩いて
嫌がることをする
じゃまをする
はなれる
にげだす
教室から
学校から
かしこさ

叱責をしていました。しかし、「かしこさの階段」を使うようになってからは、

「わかっているのにできないっていうことはよくあるよね。それはダメなことじゃないよ。かしこさの階段でも、この部分は他の所より高くなっているでしょ？　それだけ難しいことにあなたは挑戦したっていうことなんだよ。今回は失敗してしまったけど、この図の人みたいに挑戦を重ねていけたらいいよね」

というように、その子の頑張りを肯定できるようになったのです。

また、頑張りを伝える場面にもこの段差

を活用しています。Hさんの例をあげましょう。鉄棒が苦手なHさんは毎時間、私に支えてもらいながら練習を重ねていました。どんなに失敗してもめげることなく練習を続けたHさん。ある日、自分1人の力で逆上がりを成功させたのです。そのときも私はこの「かしこさの階段」を指差しながら語りかけました。

「Hさん、あなたはすてきだね。今までHさんは先生と一緒に練習を重ねてきたよね。でもとうとう今日、1人で逆上がりを成功させたんだね。つまり、あなたはこんなに高い『できる』の段階に上ったっていうことなんだよ。何回も挑戦してこの高い階段を上ったあなたには、すごい力があるね。おめでとう!」

大きな成長を遂げたときにも、この段差を使ってその子の努力を認め、励ますことができます。このように、成功や失敗に囚われずに肯定的な言葉をかけ続けていくことで、子どもたちはさらに上の段を目指して歩みを進めていけるようになっていくのです。

「ジャンプ期」の子どもたち

「ジャンプ期」とは？

「かしこさの階段」の最後は「ジャンプ期」です。ジャンプ期とは、**自分が学んできたことをまとめたり発信したりしながら、理解を深めていく時期**のことです。学級の中には、理解が早くて学習課題をすぐに終わらせてしまう子がいます。そのような子どもたちはすでに「ジャンプ期」にいると言えるでしょう。

このような子に、先生はどのように接すればよいのでしょうか？　学習が苦手な子に付きっきりで、「ジャンプ期」の子どもたちを放ったらかしにしてはいないでしょうか？　このような対応を続けると、ジャンプ期の子は次第に学びの手を抜き始めてしまいます。

このような状況に陥らないために、しばしば用いられる方法が「早く終わった子が取り組む発展課題を用意しておく」という方法です。確かに、この方法ならばジャンプ期の子

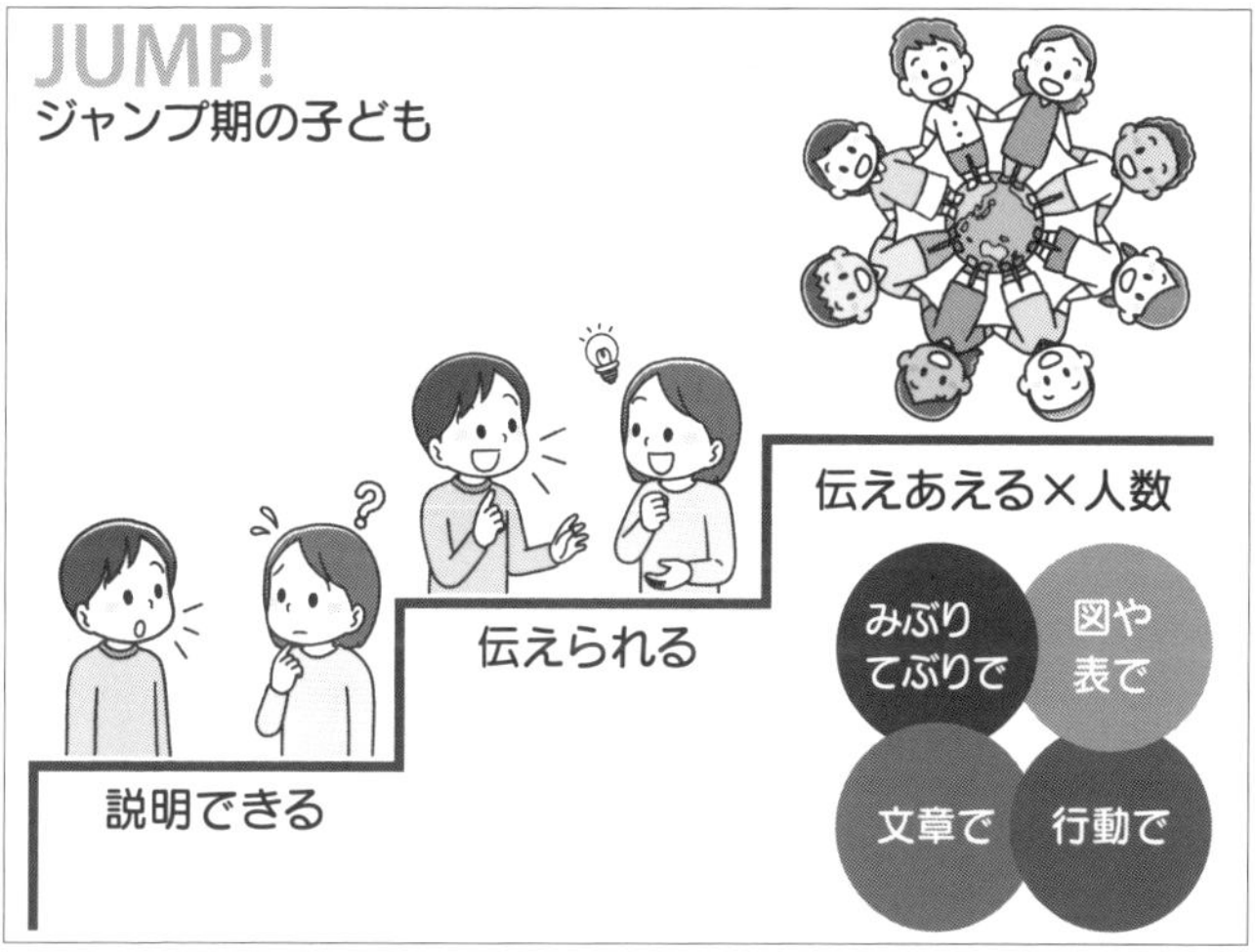

どもたちの学びがストップすることはありません。しかし、早く終わった子が取り組むための発展課題を毎時間準備することは可能でしょうか？　通常の授業準備を進めるだけでも大変なのに、そこまでの準備を毎時間行うことは、先生にとって大きな負担となります。では、どうすればよいのでしょうか？

　そこで必要になってくるのが「協働」の考え方です。**自分ができたことを友達へ広げていくことに目を向ける**のです。自分の学びを様々な方法で誰かに伝えていくこと。それによって、学びはどんどん深まっていきます。

　ジャンプ期には大きく分けて3つの段階があります。その段階とは**「説明できる」「伝えら**

れる」「伝え合える（×人数）」の3つです。これらはどのような段階なのでしょうか？

ジャンプ期の子どもたちの学びについて説明していきたいと思います。

「ジャンプ期」1段目「説明できる」

「ジャンプ期」の1段目は「説明できる」という段階です。

先日、あるテレビ番組を見ていたらこんな場面を目にしました。

ある分野に精通している方がゲストとして番組に呼ばれていました。その方は専門用語を並べたて、早口で説明し続けます。彼自身は得意顔で説明していますが、周りで聞いている他の出演者の頭の上には「？」が並んでいました。

このように、話を聞いている相手が理解できているかを考えることなく、ペラペラとまくしたてているような状況を思い浮かべると「説明できる」という段階が理解しやすいのではないでしょうか？

以前説明した「ホップ期」と「ステップ期」では自分の行動を改めたり、自分の理解を深めたりすれば階段を上ることができました。しかし、「ジャンプ期」はそうはいきませ

ん。「自分の理解」だけではなく「相手の理解」も大切になってくるのです。**自分が説明しているときに、相手が「うーん…」と理解できない表情をしていたならば、それは「説明できる」という段階にすぎません。**学校の学習でもこのような場面をよく目にします。

・聞こえないような声でボソボソと話している子
・目も合わせずに、下を向いて早口で説明する子
・論理が飛躍していたり説明が足りなかったりして、何を伝えたいのかがわかりにくい子
・伝える相手が理解できないような難しい言葉を使って説明する子…など

「説明はできているんだけど、何が伝えたいのかがわからないなぁ…」

このように感じる子たちは「説明できる」という段階にいると言えるでしょう。

これが理解できると、学習が早く終わって「先生できました！」と言ってきた子にかけ

る言葉が変わってきます。**「終わったの？　じゃあ、どうやって解いたのか説明することはできる？」**と問いかけてみましょう。「問題が解き終われば学習が終了だ」と考えている子どもたちに「もっと高い段階へと上ってごらん」と背中を押す言葉をかけるのです。

　近くに困っている友達がいて、助けを求めていたならば、その友達に説明することで理解を深めることができます。近くに困っている友達がいないならば、「ノートに解き方を説明する」という課題を与えてもよいと思います。

「うーん。どう説明すればいいんだろう……？」

と頭を悩ませていたならば、その努力を認めてあげましょう。

「あなたは『できる』の段階で満足せずに、さらに上の段階に挑戦しようとしているんだね。誰かに説明するのはとても難しいことだよね。その難しさに気づいたってことがとても大切なんだよ。あなたは今、確かにかしこさの階段を上っているね」

と、その子の挑戦への励ましの言葉をかけるのです。

　この言葉によって子どもたちは「自分が理解できることの先にも成長がある」ということに気づけるようになっていくのです。

「ジャンプ期」２段目「伝えられる」

「ジャンプ期」の２段目は「伝えられる」という段階です。

先ほどと同様に、この段階に至っているかどうかは相手の表情や言葉から見極めることができます。**自分の考えを話したり、何かを教えてあげたりした際に「なるほど！　そういうことか！」「わかったよ！　ありがとう！」というような言葉が相手の口から出たならば、その子は「伝えられる」段階にいる**と言えるでしょう。

自分が説明したことで、相手の理解が深まり、相手をかしこくすることができたならば、それは自分の言葉が相手に「伝わった」ということです。この段階が理解できるようになると、子どもたちは自分の学習を見つめ直すことができるようになります。

先生が「この表現で伝わりそう？」と問いかけただけで「う〜ん。これでは伝わらないような気がします。まだ『説明できる』の段階です」などと答える子が生まれます。

このように、自分の学びを俯瞰して見つめることができるようになるのです。

この「伝えられる」という段階に至るのはとても難しいことですが、同時にとても楽しくもあります。なぜならば「伝える」という方法には様々な種類があり、どれを選ぶかを自分で選ぶことができるからです。

「身振り手振り」を用いて説明をすることで伝える人もいるでしょう。
「論文」や「小説」のように**「文章」**で表現する人もいるかもしれません。
「絵や図」を使いながら相手の視覚に訴えて伝える人もいます。
「音楽」という目には見えないもので伝える人もいます。
淡々と自分の道を突き進み続ける**「背中」**で伝えるという人もいるかもしれません。

「伝える」というと、どうしても「言葉」を使って伝えることを想像しがちです。しかし、伝え方には数え切れないほどたくさんの種類があるのです。それが理解できたとき、子どもたちは積極的に学習に取り組むようになります。

「今回は劇で伝えてみない？」

「音楽の演奏を入れて気持ちを伝えるのもいいんじゃない？」

「それもいいけど、僕は紙芝居をつくって伝えたいな」

「プレゼンテーションのスライドをつくって伝える方法もあるよ」

チームでこんな話し合いが行われていたならば、その子たちは「伝えられる」という段

へ一生懸命に上ろうとしていると言えるでしょう。

得意な伝え方というのは、人それぞれ違うものです。

「その伝え方も面白いね！」

とお互いに認め合いながら、それぞれの個性を楽しんでいく。そんな雰囲気を教室内につ

くっていきたいものです。

「ジャンプ期」3段目①「伝え合える」

「ジャンプ期」の3段目は「伝え合える」という段階です。

私は子どもたちによく「**まねびあう**」という言葉を使います。よい集団というのは、誰かのよいところを見つけたときに「まねをすること」を恐れません。「いいな！」「すごいな！」と思うことを見つけたら、それを積極的に自分の学びに取り入れていくのです。「**まねびあう**」雰囲気にあふれているクラスは、ぐんぐん伸びていきます。

「あなたのその方法、すごく面白いね！」
「あなたのやり方で私もやってみるね！」

このように**相手のすてきな所を伝え、まねをし合っているならば「伝え合える」という段階だと言えるでしょう。**

一段下の「伝えられる」という段階は「自分の言葉によって相手がかしこくなる」というように、伝える相手が**「単一方向」**です。それに対し「伝え合う」という関係は「お互いの言葉かけによって、お互いがかしこくなる」という**「双方向」**の関係と言えます。

どの教科の授業にも何かを発表する場面があるでしょう。そんなときには、この「伝え合う」ということを意識させてから学習に臨むと、学びが深まります。

「では、今から発表会を始めますよ。発表する人は聞いている人に伝わるように工夫をして発表をしましょう。聞いている人たちは、発表が終わった後に、すてきだったことやまねをしたいと思ったことを伝えられるようにしましょうね。**発表する人も、聞いている人もお互いに伝えようとすることができたら、一番上の『伝え合える』という段に上ることができますね。**みんなの力で『伝え合える』学習にできたらすてきですね。では、始めましょう！」

こんな風に語りかけてから発表会を始めると、授業の雰囲気が全く違うものになります。このような声かけは、子どもたち同士のつながりを強くしていきます。相手が自分のために一生懸命伝えてくれていることを感じ取れるようになっていくからです。

お互いのよさを、まねし合いながら高め合っていく関係性。これが「伝え合う関係」です。伝え合う関係性を多くの人と築いていくことができれば、教室のかしこさはどんどん広がっていきます。

伝え合う仲間がいること。これは人が生きていく上で大きな力になります。「伝える」という一方通行から、「伝え合える」という双方向へ。かしこさの階段を上っていけるように声をかけていきたいですね。

「ジャンプ期」3段目②「伝え合える×（かける）人数」

「伝え合える」という段階には実は続きがあります。こんなことはありませんか。

「仲良しのあの子には伝えることができるんだけど、あんまり話をしたことがないあの子には、伝える勇気が出ないんだよなぁ…」

これは大人であってもよくあることなのではないでしょうか？ 子どもたちが仲良しの子で固まりがちなのは、このような意識があるからでしょう。そんな思考から一歩踏み出す勇気をくれる言葉。それが「×（かける）人数」という部分です。

「仲のよい友達だけでなくて、クラス全員と伝え合えたらすごいよね！」「このクラスだけじゃなくて学年みんなと伝え合えたら、さらにいいよね！」「学年を超えて、学校のみんなと伝え合えたらもっとすごいかも！」

このように、**伝え合える関係性を外へ外へと広げていく**のです。

子どもたちにこんな風に語ってはどうでしょうか？

伝え合える相手が広がっていくことが「かしこさ」なんだよ。

「校内」だけではなく「地域」の人へ…。「地域」を超えて「市町村」の人へ…。「市町村」の人を超えて「都道府県」の人へ…。「都道府県」の人を超えて「日本中」の人へ…。「日本中」の人から「世界中」の人へ…。

こんな風に自分の思いを伝え合える人を増やしていけたらすてきだよね。

この話をすると、子どもたちは笑いながら「これからは宇宙の人に伝える時代が来るかもしれないね」なんて言ったりします。こういう言葉が出る子は「伝え合える人を増やしていく」という感覚をつかめている子ですね。

「伝え合う」関係性を築き、それを広げていくこと。これは大人であっても簡単なことではありません。だからこそ、子どもの頃から考える機会をつくっていきたいものです。

「今あなたが学んでいることは、世界へとつながっているんだよ」

そんな風に語りかけながら、見えない世界を感じさせてあげたいものです。かしこさの階段を活用しながら、教室と世界をつないでいく。日頃からそのような視点で子どもたちと対話していくことで、教室の学びはどんどん広がっていくのです。

「ジャンプ期」まとめ

「説明できる」「伝えられる」「伝え合える」

この段階にいるのが「ジャンプ期」の子です。この段階にいる子の多くは学習内容が理解できており、自分で学びを進めていくことができます。「ジャンプ期」の子はどうしても授業中に「待ち」の時間が多くなります。苦手な子に歩調を合わせ、終わるのをじっと待っている。このような状況では「ジャンプ期」にいる子の力を伸ばし切ることはできません。「ジャンプ期」の子は「探究をしてわかったことを伝えたい」という思いがあるにも関わらず、わかりきった内容を何時間も座って聞き続けているのです。

「ノミとコップ」の話を知っていますか? 大きさ2ミリほどのノミは、自分の体長の150倍ほどのジャンプ力をもっているそうです。私たち人間で考えてみたら驚きです。身長1・6メートルの人であれば、240メートルほど跳べるということですから。

しかし、ノミを蓋つきのガラスのコップに閉じ込めるとどうなるでしょうか? ノミは思いっきりジャンプするのですが、コップの蓋に遮られ、落ちてしまいます。ジャンプする度に蓋にぶつかり、外へは出られません。ジャンプしても痛い。そのうえ外にも出られない。それがわかるとノミは次第にジャンプ力を弱め、最終的にはコップの蓋にぶつからない程度しか跳ばなくなってしまうそうです。その後、コップの蓋を外してもノミはコップの高さまでしか跳ばなくなってしまうそうです。

この話は「ジャンプ期」の子どもたちにも当てはまるのではないでしょうか？　本当はもっと深く学びたいと思っているのに「ちょっと待っていてね」と言われ続けるのは、コップに蓋をされることと同じです。**「ジャンプ期」の子どもたちにとって大切なのは、コップの蓋を外し、さらに高い課題へと取り組ませていくこと**なのです。そのために必要な言葉かけが「自分の学びを伝えられるようになってごらん？」という言葉なのです。

「誰に伝えるか？」「どのように伝えるか？」これは非常に抽象度が高い学習です。「1＋1＝2」というように、すぐに答えがでるような問題ではありません。だからこそ、楽しいのです。「ジャンプ期」にいる子どもたちは、それを楽しめる力をもっています。「ジャンプ期」の子どもたちが楽しそうに学びを進めている姿は、クラスの雰囲気を変えていきます。「ホップ・ステップ期」の子どもたちが「僕たちもジャンプ期の子のような学びをしたい」という憧れをもち始めたならば、しめたものです。教室の学びはどんどん深まっていくでしょう。

第3章

かしこさを育む言葉かけをする

「頭がいい子」は「かしこい子」？

さて、ここまでは「かしこさの階段」の各段階について説明をしてきました。それぞれの段階の子どもたちの特徴はつかめたでしょうか？　いよいよここからは実践編となります。具体的にかしこさの階段をどのように活用していけばよいのかについて、説明していきたいと思います。

4月、子どもたちとの出会いの場面で、先生がいきなり「かしこくなることが大切です！」と話し始めたら、どうなるでしょうか？　きっと子どもたちの頭には「？」が浮かぶでしょう。そうならないためにも、まずは子どもたちと「かしこさとはどういうことなのか」について共有していきたいものです。先生自身の考えを押し付けるのではなく、子どもたちと対話をしながら「かしこさ」についての理解を深めていきましょう。

出会いの場面で私が子どもたちと一緒に考えることがあります。それは**「かしこさ」と「頭のよさ」の違い**についてです。子どもたちの中には、これらをごちゃまぜに考えている子がたくさんいます。かしこさの大切さについて語りかけたとき、「えー。僕はムリだな。だって勉強が苦手だもん…」このように答える子と何人も出会いました。**こういう子は「勉強ができることがかしこいことだ」と思い込んでいる**のです。では、このような思い込みをしている子どもたちにどのように語りかけていけばよいのでしょうか？　私と子どもたちが対話している場面をのぞいてみましょう。

先生　：学校って「かしこくなるため」の場所なんだよ。今日はその「かしこい」っていう言葉について、もう少し深く考えてみようね。わかりやすくテストのことを例にするよ。みんなは、テストでいつも１００点をとれる人のことをかしこいと思いますか？

子ども：「すごいよね！」「かしこいと思う！」

先生　：なるほど。じゃあ、いつもテストで０点をとっている人のことはかしこいと思いますか？

子ども：「かしこくなーい」「０点はまずいよねー」

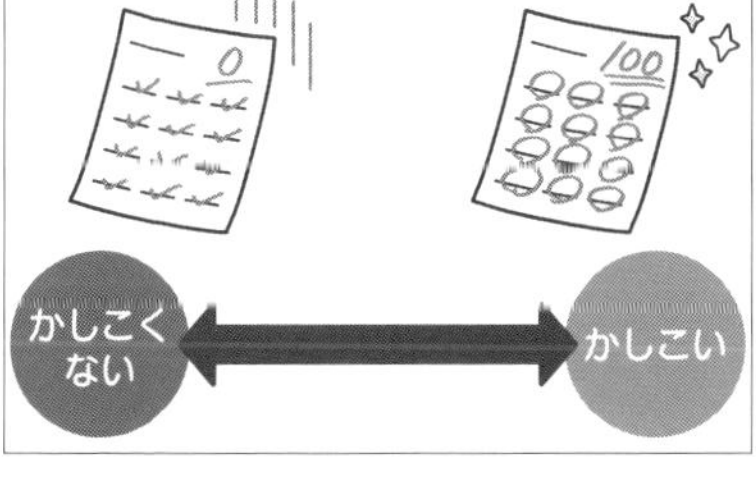

先生　：なるほど。つまりみんなの考えはこう（前ページ図）だね。
子ども：「うん」「そうだね」
先生　：じゃあ、もう少し考えてみようか。もしもこの「１００点をとっている人」が友達に「えっ？　お前の点数50点なの？　お前めちゃくちゃ頭悪いな！」と言ってバカにしていたとするよね。それでもこの１００点をとった人のことを「かしこい」って思うかな？
子ども：「そういう人は嫌だなぁ」「バカにするような人はかしこいと思わないよ」
先生　：なるほど。じゃあ、さっきみんなが「かしこくない」って言った、0点をとった人が、「次のテストは点数を伸ばしたいんだ。ちょっと教えてもらえないかな？」って友達に頼んで、本気で勉強していたとするよ。その場合その人はかしこいかな？　かしこくないかな？
子ども：「そういう人はかしこいと思うな」「一生懸命だもんね」
先生　：あれっ？　さっきみんなは「１００点の人はかしこい」

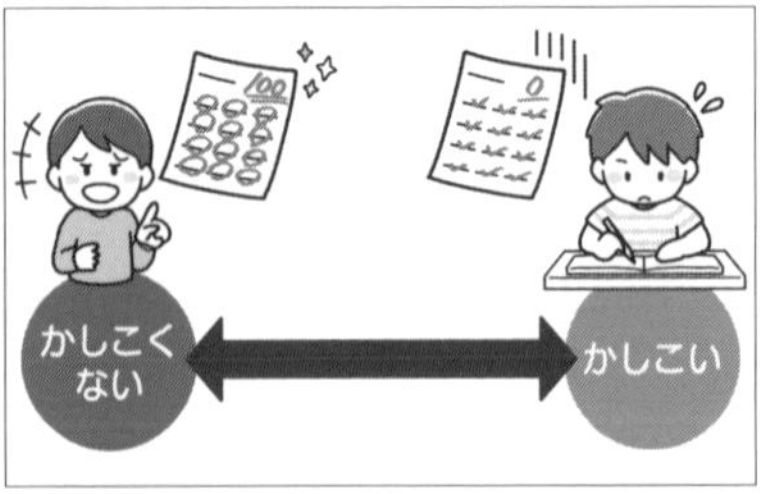

子ども：「0点の人はかしこくない」って言ってなかったかな？　それはどうなの？
先生　：「そういえばそうだった…その考えはちょっと違うかも…」
先生　：今のみんなの話によると「**100点をとってもかしこくない人がいる**」し、「**0点でもかしこい人がいる**」**っていうことになるよね？**「かしこい」ってテストの点数がよい（頭がいい）っていうことなのかな？
子ども：「かしこさに点数は関係ない気がする」「点数がとれるということだけが大事じゃないんだなぁ」
先生　：うんうん。そうだよね。みんなの中に「僕はかしこくない」「私はかしこくなれない」なんて口にする人がいるよね。それって「勉強が得意か・苦手か」「点数がとれるか・とれないか」ということに縛られているんじゃないかな？
子ども：「確かにそうかもしれない…『頭がいい人』が『かしこい人』って思い込んでいた気がするなぁ」
先生　：おっ！　すごいことに気づいたね。大切なことはテストの点数じゃないんだね。難しいと思ったことにも積極的にチャレンジをして、今の自分より少しでも成長しようとすること。それが「かしこい」っていうことなんだね。

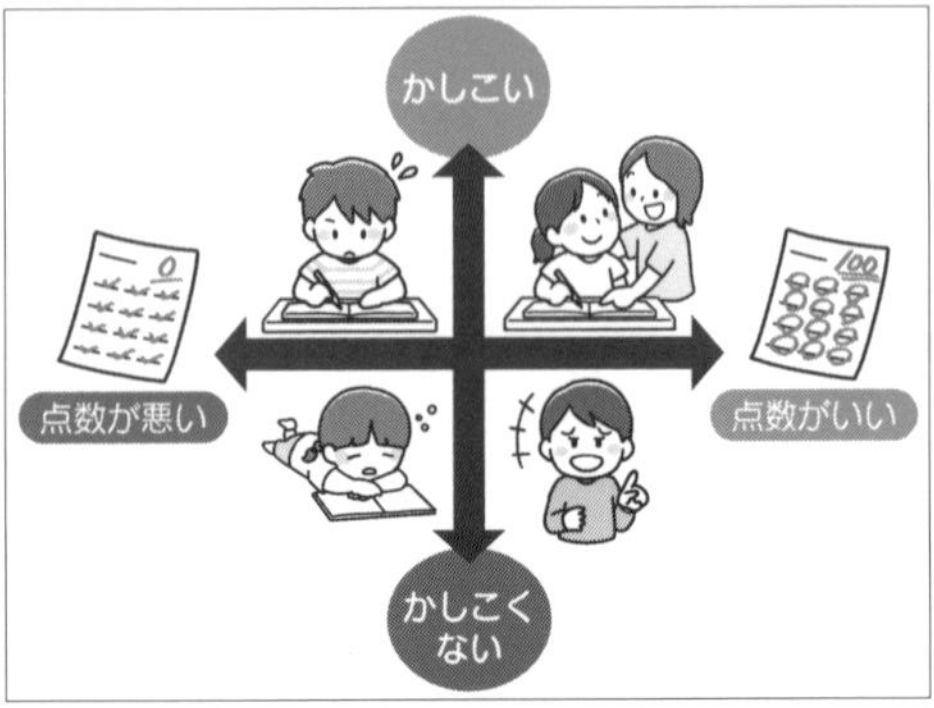

いかがだったでしょうか？　私は子どもたちと出会った後、こんな対話をしながら、「かしこい」という言葉の意味を考えることにしています。教室の中には、勉強が苦手で自信をなくしている子がたくさんいます。このような子は、自分のことを「かしこくない」と思い込んでいるのです。そんな子どもたちに先生が「かしこくなりなさい」と追い詰めたら、どうなるでしょうか？　きっとできない自分を責めて、どんどん苦しくなっていくでしょう。「かしこさ」という言葉は、人を苦しめるための言葉ではありません。

「得意・不得意でかしこさは決まらないよ」

「あなたも必ずかしこくなれるんだよ」

というメッセージを先生がきちんと送った上で「みんなでかしこくなろうね」と伝えていくことが大切なのです。

「できなくてもいいんだよ。ほんの少しでも成長できていれば、それでいいんだよ」

「完璧を目指すから苦しくなるんだよ。肩の力を抜いて、チャレンジしてごらん」

「成功しても失敗しても、あなたはかしこくなれるんだよ」

私は子どもたちによくこのような言葉をかけます。こういう声かけを通じて、子どもたちに挑戦するための勇気を育んでいくのです。

階段の上にいる子が「かしこい子」なの？

「かしこさの階段」の図を活用するときに、気をつけなければならないことがあります。それは**「階段の上にいる子はかしこい・階段の下にいる子はかしこくない」という考えに絶対に陥らない**ということです。このような捉え方をしてしまうと、この図は子どもの成長を阻害するものになってしまいます。例えば、かしこさの階段の図を指差しながら、こんな言葉をかけたらどうなるでしょうか？

先生：おい×男。お前は今、隣の子の勉強をじゃましていたな。この「かしこさの階段」見てみろ。お前は下の方にいるな。だからお前はダメなんだ。前の席の○子を見てみろ。一生懸命やっているぞ。○子はもう「できる」の段階にいる。○子はかしこいな。それに比べてお前はなんてダメなやつなんだ！

いかがでしょうか？　叱られている×男くんの、曇った表情が目に浮かんできますね。

「階段の上にいる子はかしこい・階段の下にいる子はかしこくない」

このような考えに陥ってしまうと、先ほどの先生のような言葉を口にしてしまうでしょう。こういう使い方をしたならば、かしこさの階段は本来の力を失ってしまいます。

では、「かしこさの階段」を使って、子どもたちにどのように語りかけていけばよいのでしょうか？　一緒に考えていきましょう。

人は「安心感」の中で成長する

「逃げ出す・じゃまをする・やろうとしない」

かしこさの階段の「ホップ期」にいる子どもたちの心に足りないものは何でしょうか？

それは「自信」です。「ホップ期」にいる子どもたちは、基本的に他の子どもたちと同じ歩調で何かに取り組むことが苦手です。

「僕はみんなと違うダメなやつなんだ…」

「なぜ私はみんなと同じようにできないいんだろう？」

自分自身への苛立ちを感じながら日々を送るうちに、その子の自信は少しずつ削ぎ落とされていきます。先ほどの「×男くんと話す先生」のように、「上へ行くほどかしこい」「下へ行くほどかしこくない」と考えてしまうと、子どもたちを階段の上の方へと押し上げていくことにばかりに囚われてしまいます。しかし、本当にその考え方で子どもたちは安心して学び続けられるでしょうか？

階段の上へと先生が押し上げようとすると、必ずこぼれ落ちる子がいます。こぼれ落ちた子は「どんなにあがいてもみんなと同じようにはできないのだ」と悟ると、次第に自信を失っていきます。そして、最終的には自らの足で階段の下の方へ降りていくようになるのです。

みんな一緒に…みんな同じように…。

こういう考え方に固執していくと、集団の中には必ずこぼれ落ちる子どもたちが出ます。そんな状況に陥らないようにするために、まずは「みんな一緒に…みんな同じように…」という考えを一旦脇に置いておくことが必要です。子どもたちはそれぞれ、得意なことも苦手なことも違うものなのです。それはつまり**「かしこさの階段のスタートラインは一人一人違っている」**ということです。

「逃げ出す」の段がスタートラインの子もいます。

「やろうとしない」の段からスタートする子もいるでしょう。

「できる」の段からスタートする子もいるかもしれません。

しかし、これらどの子にも優劣はないのです。決して上の段階にいる子が「かしこい」というわけではありません。**自分が今いる場所から一歩を踏み出すこと。それが「かしこい」ということ**なのです。

「かしこさの階段」は、「お前はかしこい・お前はかしこくない」と先生が子どもたちをジャッジするためのものではありません。「ホップ期（離れる、逃げ出す・じゃまをする・やろうとしない）」の段階にいる子は、そのようなジャッジの中で自信を失っていったのです。

自信を失った子どもたちにとって大切なのは**「今いる場所から踏み出す一歩の中にかしこさがあるのだ」と感じさせてあげること**です。つまずいてもよいのです。大失敗してもかまいません。挑戦する一歩にこそ価値があるのです。

「失敗したのは、あなたが挑戦したという何よりの証だよ。挑戦しなければ失敗することもないでしょ？　失敗すると傷つくよね。でもさ、傷つくかもしれないことを覚悟して、あなたは挑戦したんでしょ？　それってすごいんだよ。大切なのは成功することじゃない。あなたのように逃げずに挑戦してみることなんだよ。あなたが勇気を出して踏み出したその一歩の中に、かしこさはあるんだよ。自信をもってね」

私は子どもたちにこのように語りかけます。自信を失っている子には、こんな風に挑戦することへの「安心感」を何度も語りかけていくことが大切なのです。

子どもを成長させる「3つの言葉」

「かしこさの階段」活用のポイントは「自分で自分を見つめられるように導いていくこと」です。誰かに「あなたは今この段階です」と決めつけられるような環境では、人は成長しません。「私は今ここにいる」と、自分で自分のいる段階を感じられたとき、人は成長し始めるものなのです。自分自身を外側から見つめる。このような視点を獲得できるように「かしこさの階段」を活用していくことが大切です。

では、この「かしこさの階段」を活用していく上で、子どもたちにどのような声かけをしていけばよいのでしょうか？　私が子どもたちに問いかける言葉は3つだけです。

①今どこにいるの？
②どこに行きたいの？
③じゃあどうする？

この3つの言葉は、子どもたちが自分自身を見つめていくために非常に有効です。なぜ有効なのかを説明していきたいと思います。

今どこにいるの？

みなさんは地図アプリを使ったことがありますか？「地図アプリ」を起動したとき、初めに画面に表示されるものは何でしょうか？ そうです。もちろん「現在地」ですね。子どもたちを成長に導くために大切なこと。それは、まず**「自分の現在地」を確かめさせるということ**です。

森の中で道に迷ったら、人はパニックに陥ります。それは「自分が今どこにいるのかがわからないから」でしょう。もしも自分が今どこにいるのかがわかっているならば、パニックに陥ることはありません。現在地がわかっていれば、どの方向にどれだけ進めばいいのかがある程度わかるからです。「現在地がわかる」ということだけで、人は安心できるものなのです。それは子どもたちであっても同じです。

問題行動を起こしがちな「ホップ期」の子どもたち。その多くは混乱しています。自分が今どういう状態なのかがわかっておらず、パニック状態に陥っているのです。そのような子どもたちに対して現在地を確かめさせる言葉。それが「今どこにいるの？」という言葉です。

この言葉によって、子どもたちは「自分の外側」から現在の自分がいる場所を見つめ始めます。それができたとき、子どもたちはようやく成長のスタートラインに立てるのです。

どこに行きたいの?

道に迷ったあなたが地図アプリを開きました。地図アプリを起動させた後、あなたがすることは何でしょうか？　そうです。あなたはきっと「**どこに行きたいのか?**」**という目的地を入力する**でしょう。

森の中で道に迷ったとき、たとえ今いる場所（現在地）がわかっていたとしても、どこに行きたいのか（目的地）がわからなければ先へ進むことはできません。子どもたちも同じです。

「自分がどんな風になりたいのか？」
「どんな学びをしたいのか？」
「どんな時間を過ごしたいのか？」

という「学びの目的地」がはっきりしていなければ、前へ進むことはできません。

「どこに行きたいの？」という言葉は、この「学びの目的地」を子どもたちに考えさせるための言葉なのです。

今、自分がどこにいて、どこへ行きたいのか？

これをきちんと考えていくことが、子どもたちを成長に導くために必要不可欠なのです。

じゃあどうする？

地図アプリを起動する。現在地が表示された。自分が行きたい目的地も入力した。ここまでくれば地図アプリは、目的地へ辿り着くためのいくつかの経路をあなたに教えてくれるでしょう。

「Aという道にしますか？　それともBという道にしますか？」というように地図アプリはあなたに問いかけ、あなたはその中から進む道を選択します。子どもたちの学びも同じです。

今自分がどこにいるのか？（現在地）
どこへ行きたいのか？（目的地）

この2つがはっきりしたとき、子どもたちは自分がどのような行動をすれば目的地に辿り着けるのかを考え始めます。**「じゃあどうする？」という言葉は、導き出されたいくつかの経路の中から自分で道を選択するための言葉**なのです。

「まずは席に座って教科書を開きます」
「問題を解いてみます」
「わからないところを友達に聞いてみます」
「友達に説明を聞いてもらいます」…

「じゃあどうする？」という言葉によって、子どもたちは複数の選択肢の中から自分が「かしこさ」という目的地に辿り着くための方法を選択し始めます。このように、

①今どこにいるの？（現在地）
②どこに行きたいの？（目的地）
③じゃあどうする？（経路）

という3つの質問を投げかけ、子どもたちに自分という存在を外側から見つめさせ、成長への一歩を踏み出す力を育んでいくのです。

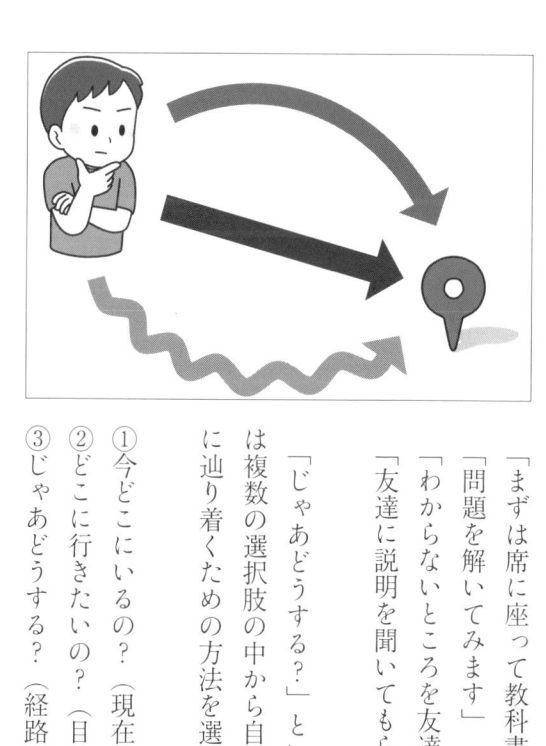

「かしこさの階段」を使って実際に話してみよう！

①今どこにいるの？（現在地）
②どこに行きたいの？（目的地）
③じゃあどうする？（経路）

では、これら3つの言葉を、子どもたちとの対話の中でどのように活用していけばよいのでしょうか？　ここからは、子どもたちとの会話をもとにしながら考えていきましょう。

「やろうとしない」⇩「できる」

I君は勉強が苦手です。しかし、先生の話を素直に聞き、アドバイスを受け止めて行動を改善することができる子です。算数の時間のことです。初めは頑張って問題を問いていたⅠ君でしたが、20分ほど経つと集中力が途切れ、自分の席でだらっとし始めました。私が視線を向けると、Ⅰ君は気まずい表情を浮かべました。

先生：Ⅰ君。大丈夫？　何か困っていることはある？
Ⅰ君：別に困っていることはないんだけど。なんか疲れちゃって…。
先生：そうかぁ。疲れちゃうことあるよね。
　でもあと20分。もう一歩かしこくなってこの時間を終われたらいいね。
Ⅰ君：うん…。
先生：ちなみにⅠ君は今、「かしこさの階段」で言うと、**どこにいるの？**
Ⅰ君：「やろうとしない」の所かなぁ…。
先生：そうか。でもⅠ君は席にはきちんと座れているから「やろうとしない」の段の中でも一段高い所にいるね！
Ⅰ君：うん。
先生：Ⅰ君は残りの時間で**どこまで上りたい**と思っているの？

I君：「できる」の所かな。この問題を1人でもできるようになりたいな。

先生：そうなんだ。それにしても自分のことがよく見えているね。「自分のいる場所」と「行きたい場所」がはっきりしているもんね。それってとてもすごいことだと思うよ。じゃあさ。「できる」の段に上るために、残り**20分どうしようか？**

I君：とりあえずこの問題を集中して終わらせて、丸つけまでいきたいな。

先生：いいね！　残り20分。かしこさの階段を上っていけそうだね！　応援しているよ。困ったことがあったらいつでも相談してね！

> **①今どこにいるの？**（**現在地**）
> **②どこに行きたいの？**（**目的地**）
> **③じゃあどうする？**（**経路**）

先ほどのI君との会話の中で、この3つの言葉が見つかったでしょうか？「かしこさの階段」を指差しながら、この3つの言葉を問いかけてみましょう。

ここでポイントになるのは**「今いる場所を認めてあげること」**です。先ほどのI君の例

で言えば、

先生：そうか。でもI君は席にはきちんと座れているから「やろうとしない」の段の中でも一段高い所にいるね！

という言葉です。勉強もせずに消しゴムをいじっていたら、普通は怒られるものです。しかし、ここで「君はきちんと席に座ってやろうとはしているよね」と認めてあげるのです。この言葉があるかないかは、その子の自信を育む上でとても大きいものです。

まずは「その子が今いる場所を肯定してあげる」こと。そして、優しく問いかけていくことが大切なのです。決して怒ることはありません。子どもたちが「現在地」と「目的地」を見つめられるように声をかけていきましょう。それができれば、子どもたちはきっと自分で歩み出すことができるはずです。

「じゃまをする」⇩「やってみる」

J君は集中力がなく、授業中に立ち歩いたり、友達の邪魔をしたりしています。J君は悪い子ではないのですが、一度気に入らないことがあると、なかなか対話に応じることができません。少し時間が経って落ち着くと、きちんと対話に応じることができます。今日も授業中に友達にちょっかいを出してしまったため、先生と話をすることになりました。

先生：J君。どうして先生に呼ばれて話をすることになったのかはわかる？
J君：授業中にじゃまをしたからでしょ。
先生：おっ。すごいな。それがきちんとわかっているのはすごいことだね。「そんなのしらねぇ！」なんて言う人もいるんだよ。J君とはいい話ができそうだね。
J君：ふーん。
先生：ちなみにかしこさの階段でいうと、J君は**どこにいたの？**
J君：この「じゃまをする」っていう所。
先生：そうだね。さっき自分で言っていたもんね。これっていいこと？　悪いこと？
J君：悪いこと。
先生：なるほどね。でもさ、先生はJ君のことを強く叱りたくはないな。
J君：どうして？

先生：だってさ、J君はいろんな気持ちを抱えながらも、今日学校に来たんでしょ？　勉強がやりたくないから「逃げ出す」っていう人もたくさんいるよ。**でも、J君は勉強から逃げなかったよね。**

J君：うん。めんどうくさかったけど、一応学校に来た。

先生：そこだよね。逃げない気持ちをもっている人は必ず伸びると先生は思うんだよね。ちなみに、J君はかしこさの階段の**どこの段へ行きたい**って思っているの？

J君：勉強苦手だからなぁ。「やってみる」っていう所かな？

先生：「やってみる」っていうのは挑戦することだよね。それってすごく大切だよね。じゃあ、**次の時間はどうする？**　何からチャレンジしようか？

J君：次の時間はノートをとってみようかな？

先生：おお！　いいね。もしもわからなかったら、先生を呼んでね。近くの友達に聞いてもいいんだよ。そうしたら、「やってみる」よりも上の「わかる」の段に上ったたっていうことになるね。困ったときに誰かに頼ることができるっていうのも「かしこさ」なんだよ。J君の書いたノート、後で絶対に見せてね！

いかがだったでしょうか？

J君はかしこさの階段で言うと「ホップ期」にいる子です。この段階にいる子は、自分が普段からダメな行いをしてしまっていることを自覚しています。そういう子に、

「あなたはダメな子ね」

「どうしてしっかりやれないの?」

「きちんとやりなさい」

などと伝えるのは逆効果です。このような言葉で問題行動が改善に向かうことはほぼありません。まずは、その子がきちんとできている部分に目を向けて、きちんと認めてあげたいものです。今回の対話でそれにあたるのは、

「でも、J君は勉強から逃げなかったよね」

というところです。「じゃまをしたからダメだ」ではなく、「じゃまをしてしまったけど、逃げてはいない。そういう子は伸びるはずだ」という声かけをしています。

その子が今いる場所の1つ下の段に焦点を当て、それができていることを認めて励ます。そこから対話をスタートさせるのです。こういう言葉かけを続けていくことで、その子は少しずつ心を開いていきます。先生と子どもの関係が心を開き合ったものとなっていけば、かしこさの階段を用いた対話はどんどんスムーズになっていくでしょう。

「伝え合える」⇩「伝え合える（×人数）」

仲良しの友達といつもべったりとくっついている。そんな子はいませんか？

こういう状況は高学年になるにつれてよく見られる現象です。私はこの状態を**「閉じた関係」**と呼んでいます。閉じた関係だと、クラスの関係性も固まっていきます。なぜなら、彼らがべったりとくっついているのは**「仲良しだから」ではなく「こわいから」**なのです。

もし、今の仲良しグループの外の世界に踏み出したとき、受け入れてくれる人はいるだろうか？　もしも誰も受け入れてくれなかったとき、もう一度このグループの人たちは自分を受け入れてくれるだろうか？　裏切り者扱いされて、拒絶されるのではないか？

このような恐れがお互いを縛りつけていることが少なくありません。このような状態から脱却していくためには、クラスの中に**「開いた関係」**を築いていくことの大切さを伝えていく必要があります。今回はKさんとLさんという仲良しの子どもたちへ先生が語りかける場面をのぞいてみましょう。

先生　：君たちはいつも仲良しだね。課題は終わった？
２人　：はい。終わりました。
Kさん：わからない所をLさんに聞いたら、わかりやすく教えてくれました。
Lさん：Kさんのまとめ方も上手だったから、まねをさせてもらいました。
先生　：いいね。お互いが相手のいいところをまねし合っているんだね。かしこさの階段だと、２人は**今どこにいるの？**
Lさん：うーん。課題はもう解けているし、しっかりとまとめることもできたし、Kさんに教えてあげることもできたし…。今日の勉強で私は「伝えられる」まで上れた気がします。
Kさん：私もわからないって伝えられたし、自分のまとめ方をLさんに認めてもらえたし「伝えられる」まで上れた気がする。
先生　：２人ともすてきだね！　お互いが伝えられたと感じるならば、これはもう一段上の「伝え合える」まで上れたっていうことなんじゃない？
２人　：あっ。そうか。お互いに「伝えられる」っていうことが「伝え合える」っていうことだもんね。

先生　：2人は階段の上の方にいるわけだけど、残りの時間、**どこまで上りたいの？**
Lさん：えっ？　もう課題も終わったしなぁ。何をしよう。
Kさん：かしこさの階段も一番高い所まで上っているしなぁ。ん？　でもこの「×（かける）人数」ってなんだろう？
先生　：うん。いいところに気づいたね。この「×（かける）人数」っていうのは、伝え合える人の人数のことだよ。伝え合える関係の人がたくさんいる人ってかしこいよね。
Lさん：なるほど。そういうことなのか。私はKさんとしか伝え合えていないからなぁ。
Kさん：Mさんたちのグループに顔を出してみない？　さっき問題がわからなくて困っていたよ。
先生　：それはいいね。学びを自分たちだけのものにしないで、どんどん声をかけていける人ってかしこいよね。Mさんたちとも「伝え合える」関係になれたらいいね。
2人　：はい。ちょっと声をかけてきます！

2人はこの後、Mさんのグループに声をかけにいきました。そして、みんなで楽しそうに学びを深めていました。

このような対話を通して、自分の課題が終わった後に教室全体を見渡せる子を育てていきたいものです。しかし、周りを見渡すことができても、友達に声をかける勇気がもてないという子もいます。

「あの子とはあまり話したことがないんだけど、話しかけたら迷惑かな？」

このように考え、声をかけられずにいる子は意外と多いものです。このような子どもたちの背中をそっと押すためにも「かしこさの階段」を活用することができるのです。

「伝え合える人数が増えれば増えるほどかしこくなれるのだ」

クラスの中にそのような共通認識があれば、あまり親密ではない子にも声をかける勇気をもてるでしょう。私はよく子どもたちに「声をかけてくれた子は、勇気を出してあなたにつながってくれた子だよ。まずはありがとうの気持ちをもとうね。それが伝え合う関係への第一歩だよ」と語ります。伝え合う関係へと高めていくためには、お互いへの感謝の気持ちが欠かせません。まずは「ありがとう」という言葉を伝えることが大切です。

感謝の気持ちを伝えている場面を見つけたら、かしこさの階段の「伝えられる」という所を示しながら、ありがとうと「伝えられた」ことへの価値も語りたいですね。

第4章

関係性に応じた言葉かけをする

「先生」と「子ども」の関係性

子どもたちと対話する際に大切なこと。

それは**「子どもたちとの関係性に応じた対話」を意識する**ことです。あなたが子どもたちとよい関係が築けているのであれば、あなたの言葉は子どもたちの心にすっと染み込み、子どもたちの成長を促していくことができるでしょう。

「あなたは、どの子ともすてきな関係が築けていますか?」

そのように聞かれたとき、あなたはどう答えるでしょうか?

先生も人間です。合う子、合わない子がいるのは当然です。どんなに一生懸命に関わっても、自分の言葉がなかなか届かない。そんな子も当然いるでしょう。相手がどんな子であっても常によい関係性が築けている。そんな風に胸を張って言える先生はいないのではないでしょうか。

子どもたちと対話するときにまず大切なことは「自分とその子の関係性」をきちんと見極めることです。関係性が悪くなると、先生の声は子どもたちに届きにくくなります。この章では「子どもたちとの関係性に応じてどのように言葉をかけていけばよいのか？」について考えていきたいと思います。

関係性が良好である（橋がかかっている）

あなたが語りかけたとき、その子はあなたの言葉を聞こうとしていますか？

もしその子が一生懸命にあなたの言葉に耳を傾け、自分の成長のために努力しようとしているならば、あなたとその子は良好な関係が築けていると言えるでしょう。

この関係性を「橋」に例えてみましょう。関係性ができているということは「あなたとその子の間に橋がかかっている」ということです。橋がかかっていれば、あなたは自分の伝えたいことをその子にまっすぐ届けることができます。

このように「先生」と「子ども」との間にきちんと「信頼の橋」がかかっていれば、何も問題はありません。あなたは子どもたちに「かしこさの階段」を見せながら優しく

- ・今どこにいるの？（現在地）
- ・どこに行きたいの？（目的地）
- ・じゃあどうする？（経路）

と問いかけます。そして「応援しているよ」と励ましてあげればよいのです。

このときに注意したいのは「先生と子どもの間にかかっている橋には様々な種類がある」ということをきちんと意識することです。目を見て真剣に話を聞き入れて、自分の成長に活かしていこうとする**「頑丈な橋」**がかかっている子もいれば、耳だけで「うんわかった」「はいはい」と軽く聞いている**「もろい橋」**もあります。もしかしたら、すぐに壊

れそうな粗末な**「丸太橋」**もあるかもしれません。

大切なのは**「もろい橋」が「頑丈な橋」へと変わっていくような対話を積み重ねていく**ことです。それが「子どもたちとの信頼関係を深めていく」ということなのです。

「しっかり話を聞きなさい！」と先生が口うるさく言い続けても、その子と先生の間にかかる橋が頑丈になることはありません。対話を通して子どもたちが、

「この先生の言葉は僕を成長させてくれる」
「この先生についていけば私は成長できるかもしれない」

と感じることができたならば、子どもたちの聞く姿勢が変わり始めます。

自分から橋を補強して、先生の言葉を受け止めようとし始めるものなのです。このような心の変化が生まれるような対話を意識していくこと。これが子どもたちを成長に導いていくために大切なのです。

関係性ができていない・悪い（橋がかかっていない）

「うるせーだまれ！」「お前の話なんか聞かねーよ」

教室には、このような暴言を吐いて対話に応じない子もいます。机にしがみついたまま顔を上げず、何を語りかけても無反応な子もいます。

このように、先生がその子に一生懸命に語りかけても全然話を聞いてくれない状況ならば、これは**「先生とその子の間には橋がかかっていない」状態**と言えるでしょう。先生とその子の間に橋がかかっていないため、先生の言葉を届けることがとても難しい状態です。

子どもたちの中には人見知りの子もいます。出会って間もないならば「あの子はなかなか話を聞いてくれないなぁ…」と感じることもあるでしょう。このような場合、その子が先生に安心感を感じられるまで対話を積み重ねていきましょう。安心感で満たされたとき、その子は自分から橋をかけ始めるはずです。

しかし、残念ながら「逆の場合」もあります。つまり、「以前は話を聞いてくれていたのに、最近は全然話を聞かなくなってしまった」という場合です。

このような場合は要注意です。橋が壊れてしまった原因が何なのかを、きちんと探る必要があります。一過性のものなのか、それとも根深い問題があるのか…。背景を探って適切に対処していく必要があります。

近年、よく見られるのは、

「先生は優しく、丁寧に対応しているのに橋が崩れていく（言うことを聞かなくなる）」という現象です。「自分に注目してほしい」という願いから、子どもたちが先生の愛情を奪い合うのです。

問題行動を止めることができず、教室で大パニックを起こす。

そのため発達検査を行うことにした。

しかし、数値としては正常。その結果グレーゾーン扱いとなった。

しかし、問題行動はおさまらない。

どう対応していいのかわからず困り果てている…。

このような状況が全国的にたくさん見られるようになりました。このような場合は「愛着障害」の可能性も考えられます。愛着障害については、和歌山大学教授の米澤好史氏が深く研究を進めています。もしもお悩みならば、著書を読んでみることをお勧めします。

また、教室内で暴力行為をする、暴言を吐く、授業の妨害をする、教室から逃げ出して徘徊するというような子も多く目にします。このような場合、先生が「かしこさの階段」を提示して懸命に対話を試みても、対話が成立しない場合があります。そのような場合の対処方法は拙書『教室の荒れ・問題行動対応ガイド』（明治図書）をお読みください。子どもの荒れを鎮め、成長へと導いていくための道筋をまとめています。ぜひお読みいただき、ご活用いただければうれしいです。

橋が崩れている　どうやって先生の言葉を届ける？

「うるせーし！」「知らねーし！」「あっち行け！」

このような言葉で壁をつくり、良好な関係性を築こうとすることを拒む子。そのような子には、どのように接すればよいのでしょうか？　ここでは２つの方法を紹介します。

つながっている子から声を届ける

「私とあの子の関係性はあまりよくないなぁ…」

このように感じたならば、一度落ち着いて教室を見渡してみましょう。関係性がよくない子の周りを観察してみると、その子と気が合う子が必ずいるはずです。先生の話は聞かないけれど、あの子の話は聞く。先生とやることは嫌がるけれど、あの子と一緒だと活動に取り組むことができる。そのような子を見つけるのです。

そのような子がいるならばチャンスです。気が合うその子に先生の言葉を変換してもらうことで、先生の想いを伝えていくことができます。

「○○さん（関係性が悪い子）とあなたは、本当に仲良しだね」
「○○さんに『ありがとう』って伝えておいてもらえるかな？」
「○○さんに『困ったらいつでも来てね』って伝えてね」

関係性が悪い子がいても、その子とつながりのある子を介して、肯定的な言葉をかけ続けるのです。その際、伝えてくれている子に「いつも先生を支えてくれてありがとう」と感謝したいものです。

人とは不思議なもので、**自分の大好きな友達が好きなものを自分も好きになっていく**ものです。つながりのある子との関係性を良好にしていくことで、関係性が悪い子の警戒心も少しずつ薄れていきます。その結果、あなたとの間に少しずつ信頼の橋がかかっていき、言葉を直接伝えられるようになるかもしれません。

学級全体に語りかけて伝える

あなたの言葉は届かない。しかもその子と気の合う友達も学級内にはいない。

このような場合はどうすればよいのでしょうか。

こうしたケースに有効な方法があります。それは**学級全員に語りかけながら、気になる子に言葉を届ける**という方法です。

「うるせぇな」「あっち行けよ」「そんなの知らねーし」

そんなことを口にして先生を遠ざけようとする子がいるとしましょう。仮にR君とします。一見、反発しようとしているように見えるかもしれません。しかし、実はR君は誰よりも先生のことを観察しています。時折、先生の様子をちらちらとうかがっています。

「壊れている橋の向こうから、こちらの様子をうかがっている」

という感じです。このような場合「周りに伝えることを通してR君に語りかける」という方法が有効です。

R君の小さな成長を見つけ、それをみんなに語りかけることでR君にメッセージを届けていくのです。例えば、このように語りかけるのはどうでしょうか？

みんな。先生は今、すごくうれしい気持ちなんだ。聞いてくれるかな？　R君は昨日「やりたくねぇ」と言って、全然勉強をしようとしなかったんだ。でも今日は、鉛筆を持って問題を解いていたんだ。これって「かしこさの階段」の「やろうとしない」から「やってみる」へ上ったということだね！　それを見て先生はとってもうれしくなったよ。R君は今、一生懸命「かしこさの階段」を上ろうとしているんだなぁと感じたよ。

挑戦の一歩を踏み出すのは勇気がいるよね。R君にはすごく力があるから、きっと少しずつ階段を上っていけるはずだよ。R君が挑戦できたのは、このクラスのみんながR君を優しく見守ってくれたからだよね。先生はすてきなクラスを担任できて本当に幸せです。R君やみんなのおかげで今日は最高にうれしい日になったよ！　ありがとう。

このように、学級の子どもたちへの語りかけを通してR君へメッセージを伝えていくのです。不思議なことに、教室の子どもたちに向かって先生が話をしているとき、R君はその話にじっと耳を傾けているのです。それは当然です。

「先生は僕のことをどう思っているのかな？」

「先生がみんなに僕のことをどのように話すのかな？」

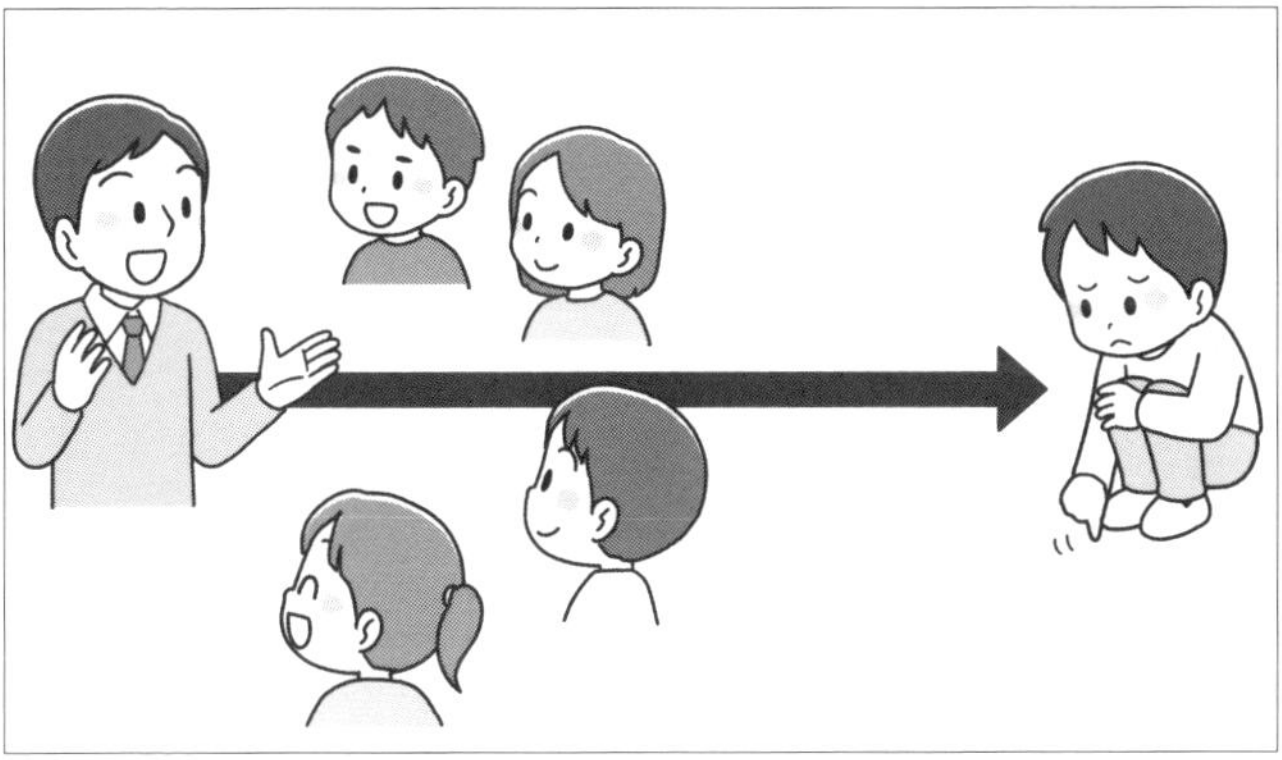

問題行動を起こす子は、常にそれを気にしているのですから。このように、周りの子どもたちへの語りかけを通して、先生の想いを届けるということを続けていきます。そのような肯定的なフィードバックを積み重ねていくうちに、Ｒ君の心は少しずつほぐれ始めます。

「この人は僕を攻撃しない」
「この人は僕の頑張りを認めてくれる」

そのようにＲ君が心から感じられたときに、彼は少しずつ先生との間に橋をかけ始めます。

もしも、その子が心を閉ざしているときは、教室の子どもたちを通して想いを届けましょう。その繰り返しがその子の自己肯定感を高め、人とつながる勇気を育むことにつながっていくはずです。

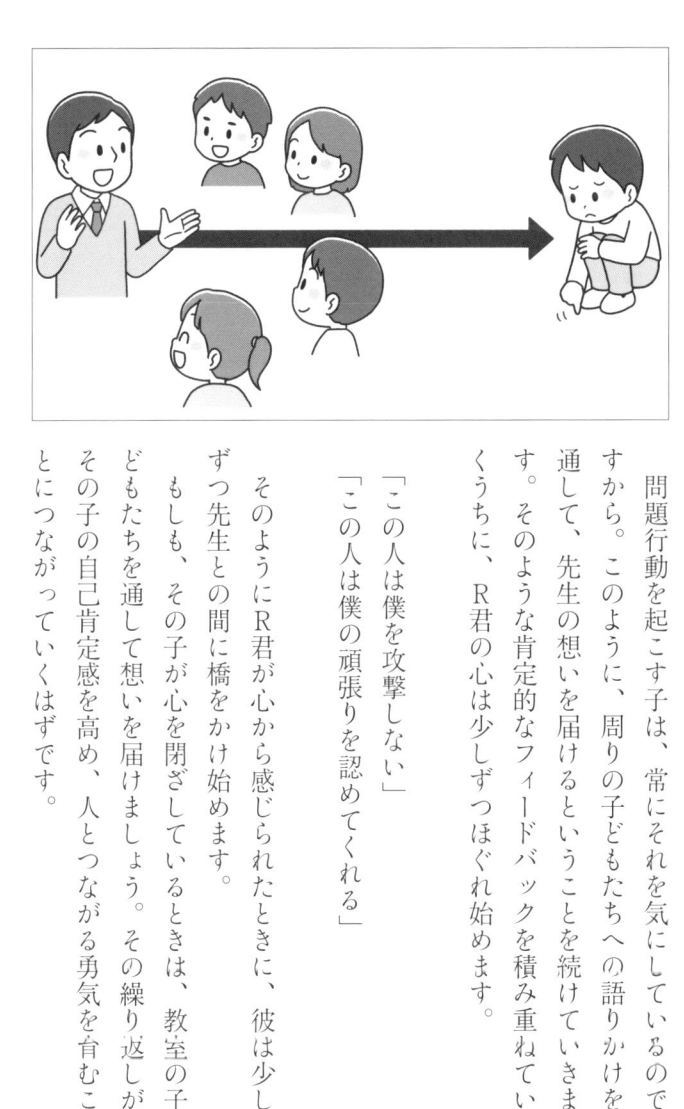

「階段を降りなくてもいい。ドアを開いておこう」

なんでちゃんと
やらないの!
しっかりやりなよ!

この言葉は私が子どもたちによく伝える言葉です。

子どもたちはとても優しいものです。だからこそ「困っている子」「やる気がない子」を目にすると、放っておくことができないのです。

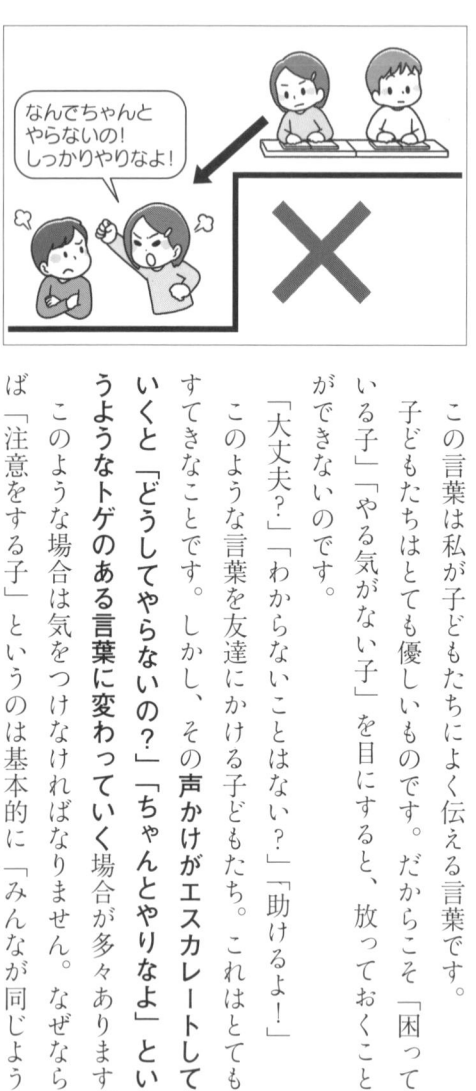

「大丈夫?」「わからないことはない?」「助けるよ!」

このような言葉を友達にかける子どもたち。これはとてもすてきなことです。しかし、その**声かけがエスカレートしていくと「どうしてやらないの?」「ちゃんとやりなよ」というようなトゲのある言葉に変わっていく**場合が多々あります。

このような場合は気をつけなければなりません。なぜならば「注意をする子」というのは基本的に「みんなが同じようにきちんとやるべきだ」という固定観念に囚われている場合が多いからです。

前にも述べたように「かしこさの階段」のスタートラインは一人一人違うものです。「注意する子」というのは、自分は相手より高い段にいて「相手がいる階段まで降りていって、その子を自分の所まで引き上げないといけないのだ」と思い込んでいるのです。そのような気持ちが強すぎるあまり、トゲのある言葉を口にしてしまうのです。

おりなくても
いいよ。
でもドアは
開いておこう！

「どうしてやらないの？」

「ちゃんとやりなよ」

と言いたくなる気持ちはわかります。しかし、そのような言葉かけをしても、相手が行動を改めることは少ないものです。それどころか、注意をすることでかえって関係が悪化し、注意する度に言い争いになることも多くあります。

大切なのは、学習にうまく取り組めない子を目にしたとき、**「あの子はあの子の段階から上ろうとしているんだな」「もしも私の階段まで上ってきたら手助けできるように整**

えておこう」と思えることです。私は常に子どもたちに、

「自分から教えに行かなくていいからね」

「でも、友達に『助けて・教えて』と言われたら、全力で助けてあげようね」

と語りかけています。これを私は「階段は降りなくてもいいよ」と表現しています。

しかし、「あいつはどうせダメだ」と決めつけて心のドアを閉ざしてしまうのも違います。「上ってきたら（助けを求められたら）いつでも助けるよ」「困ったらいつでも声をかけてね」という気持ちを、学級の誰もがもてるような声かけをしていくことが大切です。**心のドアを開けておき、その子が階段を上ってきたら、全力で助けてあげる。**これが

「階段を降りなくてもいいよ。でもドアはいつも開いておこう」

という言葉の意味です。

無理やり引っ張り上げるというような「固いつながり」ではなく、つながっていないように見えてつながっているという「やわらかなつながり」を育んでいくこと。それがとても大切なのです。

告げ口への対処

「先生。〇〇君がきちんとやらずにふざけています」

このように友達のダメな所に目を向けて、告げ口をしてくる子はいませんか？

仮にNさんとしましょう。このNさんの告げ口に先生がどのように反応するか。ここは少し考えなければいけません。そもそも、なぜNさんは〇〇君のことが気になるのでしょうか？

その通りです。Nさんも学びに集中できていないからです。

告げ口してくる子は、**先生を巻き込むことで自分と相手の関係性を優位に保とうとする**ものです。Nさんの告げ口を先生が間に受けて「〇〇君、きちんとやりなさい」と注意したら、どうなるでしょうか？　かなりの確率で〇〇君も反撃を始めるでしょう。

「Nもさっき遊んでいた。きちんとやっていないのは俺だけじゃない」

などと言い始め、学習からますます逸れていきます。これは望ましい状況ではありません。

冒頭のような告げ口を耳にしたときに、私がよく使う言葉があります。それは、

「学びに潜ってごらん」

という言葉です。例えば、このように伝えるのはどうでしょうか？

Nさん、教えてくれてありがとう。でも周りのことは気にしなくていいよ。**もっと学びに潜ってごらん。**

水の中に潜ると、音が聞こえなくなるでしょ？　それと同じだよ。もっともっと**学びに潜ってみてごらん。**きっと周りの音が気にならなくなるよ。

それが「集中する」っていうことなんだ。

周りの音も、過ぎる時間も気にならなくなるぐらい、**学びに潜ってみよう。**

それができるようになると、勉強はもっともっと楽しくなるよ。

あなたならできると思うよ。ぜひ挑戦してみてね。

水面にぷかぷか浮いているといろいろなものが目につきます。いろいろな音が聞こえてきます。Nさんがいろいろなことに気をとられてしまうのは、学びに潜ることができずにぷかぷかと水面を漂っているからなのです。

「相手を変えようとすることよりも、自分を成長させることに目を向けていこう」

「学びに潜ってごらん」

という言葉には、そんなメッセージが込められています。このような言葉かけをすることで「告げ口」から意識を逸らしていくのです。

先ほどのような言葉を、Nさんだけでなく学級全体に聞こえるように伝えてもよいでしょう。そうすることによって、先生の伝えたい想いを学級全体へと広げていくことができます。

教室には様々な子どもたちがいます。

一人一人「かしこさの階段」の立ち位置は違うものなのです。

だからこそ、**「他人の行動に目を奪われる経験」ではなく、「自身が深く学ぶ経験」を感じさせていきたい**ものです。「学びに潜る」という言葉は、それを感じさせるために有効な言葉です。この「学びに潜る」という感覚を共有できるようになると、学級の子どもたちの学びはさらに深まっていくでしょう。

「関係を高めようとしない」から「関係性は高まっていく」

ここまで「子どもたちとの関係性をどのように見極め、声をかけていくのか？」ということについて考えてきました。しかし、どんなに関係性を見極めることができても、関係性を高めることができなければ意味はありません。「解説（かいせつ）できるが解決（かいけつ）できない」という言葉がありますが、まさにその通りです。どんなに自分と子どもの関係性を説明することができても、子どもたちとの関係がこじれたままでは何の意味もありません。では、どうすれば子どもたちとの関係性を高めていけるのでしょうか。

私自身も長い間、この問いに悩んできました。しかし、ある先生と出会ったことで「この考えは根本的に間違っているのだ」ということに気づかされたのです。それに気づかせてくれたのは、以前学年を組んだT先生です。

T先生は、私より若いのに、とてもしっかりした先生です。いつも笑顔で、やわらかく子どもたちを包み込んでいます。

私は今まで、「こうあろうよ！」と子どもたちに強く語りかけることで関係性を高めようとしてきました。しかし、Ｔ先生はそれとは全く違ったアプローチをします。私のように強く語りかけることはほとんどありません。でも、なぜか子どもたちはＴ先生の言うことに真剣に耳を傾けます。そして、クラスはどんどん成長していくのです。

私はＴ先生のクラスの子を見ていていつも不思議に思っていました。

Ｔ先生は「こうあろうよ！」「こうしようよ！」と語りかけない。

それなのになぜ、子どもたちがこんなに生き生きと学ぶのだろう？

私にはそれがさっぱり理解できなかったのです。しかし、最近になってようやくその理由がわかってきました。なぜＴ先生が子どもたちとの関係性を高めていけるのか？　それは「関係性を高めようと思っていない」からなのです。

「関係性を高めようと思わないことで関係性が高まっていく」

この謎解きのような話を理解できるでしょうか？　どこまで伝わるかわかりませんが、私なりに考えて説明してみたいと思います。

「関係性を高めたい！」と考えている人は、子どもたちにいろいろなアプローチを試みます。しかしその根底には「関係性を高めたい！」という思いが見え隠れします。「関係性を高めたいから関わる」というのは、裏を返せば「関係性を高めたいと思わなければ関わらない」ということになるでしょう。T先生のすごい所は**「関係性を高めたい」と思わずに、自然体で子どもたちと関わっていける**ということなのです。

今のクラスの子どもはもちろん、前に受け持ったクラスの子どもにも分け隔てなく「○○ちゃん久しぶり！」と言って抱きしめます。ほっぺに優しくふれたり、頭をなでたり…。T先生の近くに行くと、子どもたちはいつも笑顔になります。そこには「関係性を高めたいから関わっている」などという考えは微塵も見られません。**ただ目の前のその子が好きだから関わっている。**ただそれだけなのです。

これは以前、NHKの番組『プロフェッショナル　仕事の流儀』に出演されていた数学教師の井本陽久氏が語っていた言葉にも通じます。井本氏は番組の中で、たくさんの子どもたちとじゃれあいながら、コミュニケーションをとっていました。

井本氏は番組の中でこのように語っています。

「用があって何かするってちょっと遠いじゃないですか。用もないのに訳のわからないことをするっているのは**『純粋にその子に興味をもっている』**っていうことですよね？」

Ｔ先生も井本氏も、同じような考え方なのではないかと感じます。どんなに的確に子どもたちとの関係性を見極めることができても、子どもたちとの関係性を高めていけるわけではありません。なぜなら「関係性を高めたい！」と思っている以上、その思いが見え隠れするからです。大切なのは「子どもたちに関心をもつ」ということです。**「自分の話を聞いてくれようが聞いてくれまいが、私はあなたに関心をもっているよ！」と行動で示し続けていく**のです。

学校の世界というのはどうしても「双方向」であろうとします。例えばあいさつです。先生があいさつをしたら、（子どもたちは）しっかりとあいさつを返しましょう。

このように、多くの場合「双方向」であることを求めるのです。しかし、本当にそれだけが大切なのでしょうか？　常に双方向である必要はないのではないかと、私は感じています。

相手が返してくれるかどうか？　信頼関係が築けるか・深まるかどうか？

そんなこと関係なく、たとえ「一方通行」でも先生がその子に関心をもつこと。それが大切なのではないかと思うのです。

「元気?」「久しぶり!」「おはよう!」

肩をポンと叩く、頭をなでる、そっと背中に触れる、くすぐる……。

その子に何の用もないときの、このような行動。これが「君に関心をもっているよ」という思いを伝えるメッセージとなります。「私はあなたに関心があるよ」という思いを言動で伝え続けること。それが「関係性を高めようと思わないことで関係性が高まっていく」ということなのです。

人との関係性というのは目に見えるものではありません。こうすればこうなる。そんな簡単な方法は決して存在しないのです。予測しようとせず、自分らしさで触れ合ったとき、信頼関係は少しずつ形になっていくものなのだと思います。

関係性を高めることを目的にしない。ただただ先生がその子に関心をもち、コミュニケーションを積み重ねていく…。このような日々の繰り返しの中で、関係性というものは知らず知らずのうちに深まっていくものなのでしょう。

第5章

安心感で満たされた教室をつくる

学び続けていくために必要な条件

「かしこさの階段」を活用する際に大切なこと。それは、階段の位置によってかしこさを判断しないということです。上の方にいる子が「かしこい」、下にいる子は「かしこくない」という考えで活用すると、この図はたちまち力を失ってしまいます。

第3章で述べたように「頭がいい」ことと「かしこい」ことは全く違います。自分がどの段にいようと、成長への一歩を踏み出す勇気をもつこと。これが「かしこさ」なのです。**「かしこさ」とは、今いる場所から踏み出すその子の「一歩」の中にあるのです。**

どんなときにも挑戦することを恐れずに学び続けていくこと。

それこそが「かしこさ」の根源なのではないでしょうか？

この章では、人が学び続けていくための条件について、考察していきましょう。

挑戦し続ける人・挑戦をやめる人

学び続けていける環境を整えるために、まず向き合いたい問いがあります。
それは**「人が学び続けていくためには何が必要なのか？」**という問いです。
人はどういうときに「もっと学びたい！」と思うのでしょうか？
反対にどんなときに「もういいや…」とあきらめてしまうのでしょうか？
すぐにあきらめてしまう人と、あきらめることなく学び続けていける人。
両者の違いとは一体何なのでしょうか？
「人が学び続けていくために必要な条件は何か？」
まずは、この問いについて一緒に考えていきましょう。

人の学びが止まるのは

先ほどの問いについて考えていくために、あえて逆のことを考えてみましょう。

「人はどんなときに学びを止めてしまうのでしょうか？」

さて、みなさんはどのように考えますか？　少し本を置いてぜひ考えてみてください。

いかがだったでしょうか？　これには様々な答えがあると思います。

この問いについて私も考えてみました。様々なものをつなぎ合わせながら思考していくうちに、人が学びを止めてしまうときには、ある共通点があることに気づきました。

それは**「自信の喪失」**です。

「自分には価値がない」「やってもムダだ」「自分なんかにはできない」……

自身に対してこのような感情を抱いてしまったとき、人の歩みは止まってしまうのです。

「自分には力がある」「自分ならできる」「この経験が自分を成長させてくれる」……

自身にこのような想いを抱けたならば、人はどんなにつらくても、新たな挑戦の一歩を踏み出すことができるでしょう。

しかし、誰もが常に自分に自信をもって行動できるわけではありません。どんな人でも、挑戦するのが怖くなり、一歩を踏み出せなくなるときがあるものです。私自身もそういう経験をたくさんしてきました。では、「自信を失った」ときにも挑戦の一歩を踏み出すためには、どんな条件が必要なのでしょうか。もう少し深掘りしていきましょう。

挑戦の一歩を踏み出すための条件とは？

自分の挑戦が大失敗してしまったり、何度挑戦を重ねてもうまくいかなかったり…。このようなとき、人はあきらめてすべてを投げ出してしまいたくなるものです。しかし、そんなときでも自信を失うことなく学び続けていける人がいます。そういう人をじっと観察してみると「自信を失わずに学び続けていくため」に必要な条件が見えてきます。私はその条件は３つあると考えます。その３つとは、

①支えてくれる仲間がいること
②成長の実感ができること
③失敗してもやり直せること

の３つです。この３つの条件が整っていれば、人は自信を失うことなく、挑戦への一歩を踏み出せるのではないでしょうか？　詳しく説明していきましょう。

支えてくれる仲間がいること

人は孤独に歩み続けることはできないものです。

自分のことを理解して、温かい言葉をかけてくれる人がいる。それだけで、人は自分自身に対する尊厳を保ち続けることができるものなのだと感じます。

いじめを受け、誰にも相談することができずに八方塞がりになった子が、1人で苦しんだ末に「死」を選んでしまう。そのような悲しい事件がニュースで流れてきます。このような事件からも、人が孤独の中で生き抜くことの難しさがわかります。

人は弱いものです。どんなに強い人であっても、1人で悩み続けていたら悩みはどんどん膨れ上がっていきます。そして最後はその悩みに飲み込まれてしまうでしょう。

悩みに飲み込まれることなく、前向きに学び続けられる自分であるか？

その明暗を分ける条件の1つが**「仲間の存在」**だと私は思うのです。

数年前、私が尊敬しているある方からこのようなメールをいただきました。

………

巡り合えば「知人」となり

語り合えば「友」となり
共に汗を流せば「仲間」となる

子どもたちにとって大切なものは数多くあるかとは思いますが、「友」の存在は非常に重要です。仲の良い友達や、ウマがあう親友も大切ですが、本当に大切なのは、同じ目標に立ち向かい、共に切磋琢磨し合う「仲間」であると考えています。

………

このメールをいただいたとき「まさにその通りだなぁ」と感じました。つらいときに支え合い、共に汗を流せる「仲間」がいること。そして、その仲間と言葉をかけ合い、支え合うことこそが、悩みに飲み込まれずに踏みとどまるための力となるのです。

苦しいときに声をかけてくれる仲間
自分のことを認めてくれる仲間
ダメな自分を叱ってくれる仲間
つらいときにそっとそばにいてくれる仲間

このような「仲間」の存在が、人の心を強くします。

「支えてくれる仲間がいること」

これは、人が学び続けるための大切な条件の1つなのです。

成長の実感ができること

人が学び続けるために必要な条件。2つ目にあげられるのは**「成長の実感」**です。

「自分は以前よりも成長することができている」

このように感じられる人は、自然に挑戦への一歩を踏み出すことができるでしょう。しかし、自分の成長を実感することができない状況に陥ると、多くの人は挑戦への歩みが止まります。

「こんなこと、いくらやっても意味がないよ…」

「どうせ自分はできるようにはならないんだ…」

このように口にして、学びに向き合おうとしない子に今までたくさん出会いました。自分の成長を感じることができないとき、人は絶望し、挑戦することをやめてしまうのです。

ドストエフスキーは『死の家の記録』の中で、最もつらい拷問について語っています。それは「半日かけて穴を掘らせ、また半日かけてそれを埋めさせる」という拷問です。そのような毎日を延々と繰り返すと人は発狂し、死に至るというのです。

この話からも**人は意味のないこと、成長の感じられないこと、感謝もされないことなどが延々と繰り返されていくことに耐えられない生き物**なのだということがよくわかります。

私は少しずつだけど、成長できているんだ
自分が成長することで誰かの役に立てるんだ
自分の行動が次の何かにつながっていくんだ

心からそのように感じられたとき、人は学び続けていくことができるのでしょう。

このような理由からも「成長の実感」は学び続けるためには欠かせない条件の１つだということがわかります。

失敗してもやり直せること

支えてくれる仲間もいる。一歩踏み出すことで成長する自分もイメージできる。それなのに、挑戦する勇気が出ない。そんな経験をしたことがある人はいませんか？

そのような人に必要な最後の条件。それが**「失敗してもやり直せること」**です。

人が挑戦への歩みを止めてしまう原因となるのは「恐怖」です。

「挑戦してみようよ」「君ならきっとできるはずだよ」と仲間がどんなに励ましてくれたとしても「失敗したらどうしよう」「できなかったらどうしよう」という恐怖で頭の中がいっぱいになっていたとしたら、挑戦への歩みは止まってしまうものです。

このような状態に陥ったときに、挑戦への一歩を踏み出す勇気をくれるものとは何でしょうか？　それは「たとえ失敗してもやり直せる」という環境です。

あなたは重要なプロジェクトを任されているとしましょう。任せてくれた人にどちらの言葉をかけてもらったら、自分の力を十分に発揮することができるでしょうか？

A　絶対失敗するなよ。失敗したらもうおしまいだ。絶対に成功させろ！
B　怖がることはないよ。たとえ失敗しても支えるよ。思いっきり力を試しておいで！

多くの人はAのような言葉をかけられたら、力を出し切れないのではないでしょうか？「失敗できない」という言葉はプレッシャーとなり、体を硬直させます。それによって本来の力を出し切ることが難しくなります（こういう言葉をかけられた方が力を発揮できるという人は、自分自身に大きな自信がある人だと思います）。

Bのような言葉をかけてもらったら、安心して挑戦することができます。肩の力を抜いて、自分の力を試すことができるでしょう。

偉大な発明家、エジソンが白熱電球を発明したときのエピソードは有名です。

「夜でも昼のように明るく照らされる世界をつくりたい」

そんな思いでエジソンは白熱電球の発明に取り組みました。しかし、長時間電球を光らせるには、フィラメントという電球の中の光る線に焼き切れない素材を使わなければならなかったのです。しかし、様々な素材を探しても、焼き切れない素材は見つかりません。

結局、フィラメントの素材が見つかるまでに何千回も実験を繰り返したそうです。彼は実験が失敗しても「失敗ではない、それがうまくいかないということを発見したのです」と語ったと伝えられています。

では、エジソンが失敗したことすら成功と捉えることができたのは、なぜでしょうか？

もちろんそれは何度も実験を繰り返すことができたからでしょう。

「すぐに結果を出しなさい」

エジソンがこのように言われていたとしたらどうでしょうか？　きっと多くの偉大な発明は生まれなかったのではないでしょうか。実験がうまくいかなかったとしても、何度でも挑戦し続けることができた。だからこそ、彼は偉大な発明を生み出し続けられたのです。

「何度も挑戦する中で、少しずつできるようになればいいんだよ」

「間違っても大丈夫だよ。成長のチャンスはこれからたくさんあるよ」

このように言葉をかけてもらえる環境こそが、人に勇気を与えます。

「失敗してもやり直せること」

これが、人が学び続けていくために必要な最後の条件だと私は考えています。

人が学び続けていくためには

「人が学び続けていくために必要な条件は何か?」

この問いに対して私は、

> **①支えてくれる仲間がいること**
> **②成長の実感ができること**
> **③失敗してもやり直せること**

の3つが必要だと考えています。

今まで様々な子どもたちと出会い、たくさんの対話を重ねてきました。そのような毎日の中で、これらの必要性を感じる場面にたくさん出合ってきました。

もちろん、これはあくまで私の考えです。これが唯一の答えと押し付けるつもりはありません。この問いに対する答えは、一人一人違っていてよいと思います。ぜひ、あなたなりの答えを導き出してみてください。

安心感に満ちた教室をつくる

①支えてくれる仲間がいること
②成長の実感ができること
③失敗してもやり直せること

これらの条件を整えていくと、学級は安心感に満たされていきます。何度挑戦してもいいのですから、失敗を咎められることはありません。成功も失敗も共有し、支え合える仲間がいる。そんな仲間と一緒に自分のペースでゆっくりと成長していけるからです。

しかし、口で言うのは簡単ですが、こういう環境を実際につくり上げるのは非常に難しいものです。まさに「言うは易し、行うは難し」です。

では、これらのパーツを揃えて、学級内を安心感で満たしていくためにはどうすればよいのでしょうか？

ここでもお勧めしたいのが「かしこさの階段」です。前章でお伝えした通り「かしこさの階段」は、先生が目の前の子どもの成長を見取り、励ましていくためのツールとして非常に有用です。この図を有効に活用することで**「目の前の子どもの成長」を「学級全体の成長」へとつなげていくことができます。**

安心感で満たされた学級を育むために「かしこさの階段」をどのように活用していけばいいのか？　ここでは具体例をあげながら、考えていきたいと思います。

「かしこさの階段」を活用して「仲間」をつなげる

数年前の出来事です。私の担任している学級にＯさんという子がいました。

Ｏさんは文字を書いたり、計算したりするのが苦手でした。そのせいで学習課題につまずくことが多く、授業中はいつも不安そうな表情をしていました。Ｏさんはしても真面目で一生懸命な子でした。どんなに間違っても、弱音を吐くことなく一生懸命に学習に取り組むのです。努力家のＯさんのことを私は大好きでした。そのため私は、授業中はＯさんにまめに声をかけ、困っているときは学習のアドバイスをしていました。

しかし、そんな毎日を続けていくうちに、学級内で「困った囁き」が聞こえてくるようになったのです。その囁きとは、

「Oさんばっかり特別扱いされているよね」

「Oさんはいつも先生に迷惑をかけているダメな子なんだよ」

というものです。私は若く、力のない教師でした。一生懸命なOさんをなんとかしてあげたいという想いが先走り、その他大勢の子どもたちが感じていることを察知することができていなかったのです。

人はどうしても「早くできること」「たくさんできること」「上手にできること」という観点で優劣をつけてしまいがちです。「早くできなくても」「少ししかできなくても」「うまくできなくても」Oさんにはすばらしいところがたくさんありました。しかし、当時の私はそれを学級の子どもたちに伝えられるような言葉をかけることができていなかったのです。

「早くできなくても」「少ししかできなくても」「うまくできなくても」

恥ずかしながら、若い頃の私の悩みを書かせていただきました。この悩みを解決するきっかけとなったのが「かしこさの階段」です。これを活用することで「かしこさ」とは階段の上に存在するのではなく、その子が踏み出す一歩にあるということを伝えられるようになったからです。

先ほどの私の話のように**「ひいき」「ずるい」という言葉を口にする子**はいませんか？そういう子はきっと**「人はみな同じ段階にいるのだ」と思い込んでいる**のかもしれません。「かしこさの階段」を活用すれば、その思い込みを崩すことができます。先生は日常的に「かしこさの階段」を子どもたちに見せながら「今どこにいるの？／どこに行きたいの？／じゃあどうする？」という言葉をかけ続けていくからです。

教室内でこういう対話を耳にしていく中で、子どもたちは「みんなが同じ段階にいるわけではないんだ」と感じることができるようになります。今の私だったら、真面目で一生懸命なＯさんのことを、教室の子どもたちにこのように伝えると思います。

この時間の最後に、みなさんに伝えたいことがあります。Oさんのことです。この時間の初め、先生は「今日のOさんはどこにいる？」と「かしこさの階段」を見せながら聞きました。するとOさんは4段目の「文句を言わずにやってみる」を指差しました。その後「どこへ行きたい？」と質問したら「わかる」を指差しました。こうやって自分のことを伝えられるのはすごいことですよね。それを聞いて、先生はOさんのわからなかった問題を一緒に解きました。そして「わからないことがあったらいつでも言ってね」と伝えました。その後、先生はみんなが問題を解く様子を見ていたのですが、ふと気づくと1人の子がOさんに声をかけているのを見つけました。声をかけてくれたのはSさんです。SさんはOさんに「大丈夫？　困っていない？」と声をかけました。そして、授業の最後までOさんに優しく勉強を教えていました。さっき先生はSさんに「どうしてOさんに声をかけてくれたの？」と聞いてみたんです。するとSさんはこう答えたのです。

「20分ぐらいで私は『(1人で) できる』の所まで上れたんです。だから次の『説明できる』の段に上ろうと思ったんです。だからOさんに声をかけました」

これを聞いて先生は驚きました。このクラスに「かしこさの階段」を使って、自分を見つめている人がいたからです。すごいなぁと思いました。

さて、みなさん少し考えてみてください。Ｏさんは誰のおかげで目標としていた「わかる」の段に上れましたか？　そうですね。Ｓさんですよね。

ではもう１つ聞きますね。教えてくれたＳさんは誰のおかげで目標としていた「説明できる」の段に上れましたか？　そうですね。Ｏさんですね。

２人はどちらもお互いのおかげでかしこくなれたんですね。

「わからない…」「困った…」

そう言ってくれる人がいるからこそ、クラスはかしこくなれるんですね。２人を見て先生はそれを学ぶことができました。こういうすてきなつながりがあるこのクラスが、先生は大好きです。これからもよろしくね。最後まで聞いてくれてありがとう。

いかがでしょうか？

学級の中にはＳさんのように、先生の想いをきちんと受け止め、それに応えようと行動する子が必ずいます。先生はその瞬間を見逃さずに心に留めておき、学級の子どもたちにその価値を伝えていくのです。それによって「階段の上にいる人＝すごい・えらい」「階段の下にいる人＝ダメ・劣っている」という考えを突き崩していくのです。

いろいろな段階の子がいるからこそ、人はつながり合うことができるんだよ。そして、**いろいろな段階の子がつながり合うときに、人はさらにかしこくなれる**んだよ。

「かしこさの階段」を活用することで、このようなメッセージを伝えていくことができる場面をたくさんつくりだすことができます。

「立っている位置は関係ない。挑戦への一歩を踏み出している人はみなかしこいのだ」

このような認識がクラスに広がっていけば、どの子も「仲間」になっていけるはずです。

「かしこさの階段」を活用して成長を実感させる

「自分が伸びている（成長している）なぁと感じるのはどんなとき？」

こんな質問を学級の子どもたちに投げかけてみたことがあります。さて、子どもたちはどのように答えたと思いますか？

多くの子どもたちは「テストの点数が伸びたとき」「できなかったことができるようになったとき」と答えました。私はこれを聞いて「これは困ったぞ」と思いました。なぜなら、子どもたちの口にした言葉をひっくり返すとこのようになるからです。

「テストの点数が伸びないと成長を感じられない」

「できるようにならないと成長しているとは言えない」

つまり、子どもたちは「成長」ということを「わかる・できる・伸びる」ことだと考えているのです。この考え方は「勉強が得意な子・飲み込みが早い子・自分に自信がある子」にとってはなんの問題もないでしょう。しかし「勉強が苦手な子・理解がゆっくりな子・自分に自信がない子」にとってはどうでしょうか？

「わかる・できる・伸びる」ことが成長であるという価値観の中で生きていくのは、とてもつらい気がします。

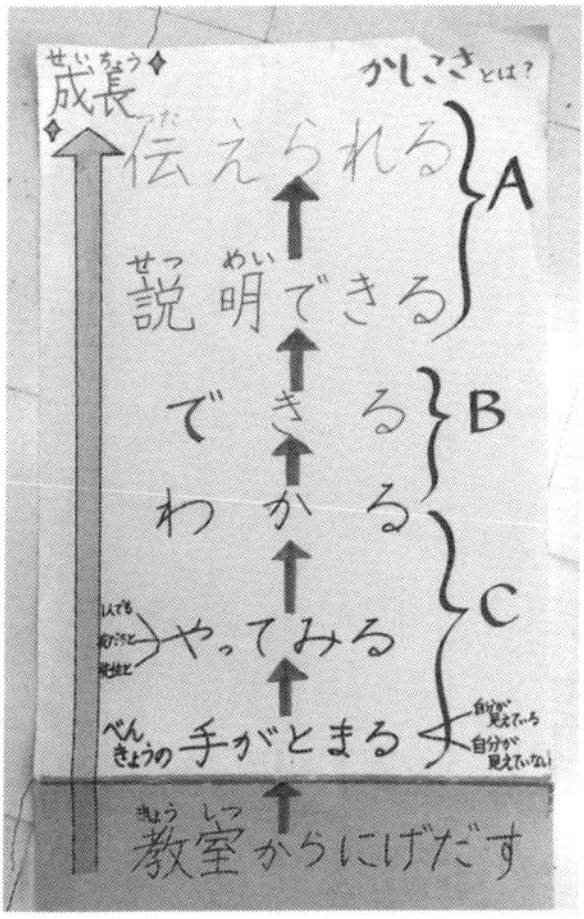

恥をしのんで、上の写真を紹介します。

私が「かしこさの階段」をつくった当初の写真です。お気づきでしょうか？　この掲示には「わかる」の段階が「B評価」であり、それより下は「C評価」なのだと記してあります。

当時の私は、子どもたちにこのように語っていました。

いいかい。まずは「わかる」ことが大切なんだよ。それができたら「できる」「説明できる」…という風に階段を上っていくこと。それがかしこいっていうことなんだ。

本書を書いている筆者も「かしこさの階段」をつくり出した当初は「わかる・できる・伸びる」ということこそが大切なのだと子どもたちに語っていたのです。

努力してもわからない子

しかし、私のこの考えを打ち砕いた子がいます。それは以前担任したT君です。T君は、学校を休みがちで遅刻も多く、勉強がとても苦手な子でした。その子は先ほどのような私の語りを聞くたびに表情をこわばらせます。そして、こうつぶやくのです。

「僕は一番下の『わかる』の所にも行けないよ…」

「きっとできるよ！」と私が懸命に語りかけても、T君はあきらめてしまっていて、鉛筆を握ろうともしません。私が近づいていくと、机につっぷして話を聞こうとしないのです。そんなT君の姿を見て私は「本当に困った子だな……」と感じていました。

しかしその後、私の考えを一変させる出来事が起きました。ある日のことです。T君が宿題をやってこなかったため、放課後に残って私と一緒にやることになりました。放課後の教室。周りに誰もおらず、教室にいたのはT君と私だけだったからでしょうか？　その日のT君は、自分の苦しい胸の中を教えてくれたのです。

「（勉強を）やってもわからないから、やりたくないんだ。僕はバカだから」
「勉強をやればやるほど、自分はバカだって思うんだ。だからやらない方がましなんだ」

T君のその言葉を聞いて、私は大きな勘違いをしていたことに気づきました。
「まずは『わかる』ことが大切なんだ」
私はそう言い続けてきました。でも、教室の中にはどんなに努力を重ねてもそこまで辿り着けない子もいるのです。私はそういう子どもたちの心の叫びに気づくことができていなかったのです。

T君は、本当は「わかるようになりたい」と思っていました。でも、挑戦する度に「できない自分」を痛感し、傷つきます。そんな毎日の中で挑戦する意欲を失ってしまったのです。挑戦をしなければ傷つくことはありませんから…。

この日のT君との会話で、私はようやく彼の苦しみを理解できた気がしました。「わかること・できること・伸びること」だけを追い求めた結果、私はT君のような子を育ててしまっていたのです。

「わからない子」も認めてあげたい

T君と対話した後、私は「かしこさの階段」を見直すことにしました。「わかる」よりも下の部分に目を向けていかなければいけないと感じたからです。

「わからない・できない・伸びない…」

そんな子であっても、その子が成長を実感できるようにするにはどうすればいいのか？

悩み抜いてつくり出したのが「わかる」よりも下の段（離れる・逃げ出す・じゃまをする・やろうとしない・やってみる）です。今はこの段があるおかげで、

「すぐにわからなくてもいいんだよ。逃げずにここにいるあなたには価値があるんだよ」

「焦って階段を上る必要はないよ。まずはやってみること。そこからでいいんだよ」

という言葉をかけることができるようになりました。あのときにタイムスリップできたら、

私はT君のことを教室の子どもたちにこのように語るでしょう。

今日はみんなにT君のことを伝えたいと思います。この前、T君と話をしました。すると彼は「勉強が苦手でわからない」と言っていました。

みなさん。勉強がわからない人のことを「かしこくない」と思いますか？

先生はT君の様子を見ていました。彼は「わからない」と言いながらも、問題を解こうとしていました。これは「かしこさの階段」で言うと「やってみる」の所です。

「そんなこと、別にすごいことじゃない」「当たり前のことじゃないか」と思う人もいるかもしれませんね。でもそれって本当でしょうか？

みなさんには苦手なことはありませんか？　実は、先生は小学生のときに水泳が苦手でした。一生懸命に手足を動かすのですが、体はどんどん沈んでいくのです…。何度練習しても、全然泳げるようになりません。水中でバタバタ手足を動かす姿を見て、友達に笑われました。そして…先生は水泳を休むようになりました。先生にもそういう経験がありま す。だから、苦手なことに挑戦するってすごいことだとわかります。

体育が苦手な人は手をあげてみてください。

今手をあげている人は、体育の時間にT君みたいに挑戦できますか？
音楽で歌うのが苦手な人は手をあげてみてください。
今手をあげているあなたは、T君みたいにみんなの前で歌の練習ができますか？
苦手な食べ物がある人は手をあげてみてください。
手をあげているあなたは、どんなに苦手な食べ物でもT君みたいに挑戦できますか？
どんどんT君のすごさがわかってきましたね。
「わかること」だけがすごいのでしょうか？
「わからない」って言えることもすごいとは思いませんか？
「できる」ことだけがすごいのでしょうか？
「できないからやってみよう」って思えることもすごいとは思いませんか？
先生は「成長」は「挑戦の中」にあると思っています。
たとえ点数が低くても、なかなか上達しなくてもいいんです。
「わからない・できない・難しい」をもっと楽しんでいきましょう。
それをT君が教えてくれましたね。ありがとうT君。

いかがでしょうか？　このようにT君のような子の頑張りを通して、クラスの子どもたちに「かしこくなること」について考えさせていきたいものです。

子どもたちはどうしても「わかること・できること・伸びること」を「かしこさ」だと考えてしまいがちです。でも**「わからないこと・できないこと・うまくいかないこと」の中にも「かしこさ」は存在するはずです。**なぜなら、挑戦したからこそ「わからない・できない・うまくいかない」ことが浮かび上がってきたのですから。

「かしこさ」は階段の上の方のみにあるのではありません。その子が成長するために踏み出す一歩の中にあるのです。

これをあらゆる場面で教室の子どもたちに伝えていきたいものです。

「かしこさの階段」を活用して再挑戦することの大切さを実感させる

「何度もやってみる中で、身につけていけばいいんだよ」

「間違っても大丈夫。チャンスはまだたくさんあるよ」

このような言葉で満たされた環境をつくり出していくこと。これが人が学び続けていくための条件だと述べました。しかし、先生がそれをどんなに雄弁に語っても、実際に行っている授業がその考えとは正反対の授業であったならば、どうでしょうか？　子どもたちは、次第に先生の言うことに耳を傾けなくなっていくでしょう。

「間違えても大丈夫だよ」という言葉を本気で子どもたちに伝えるためには「学び直せる授業」を構築していく必要があります。では「学び直せる授業」とは、どのような授業なのでしょうか？　一緒に考えていきましょう。

学び直しができる授業とは？

「学び直せる授業」をつくっていくために必要なことは**「繰り返しが生まれるように授業展開を工夫する」**ことです。しかし、多くの小学校で採用している単元テストはそのようにはなっていません。単元の最後にテストを行って、その単元は終了。結果がよくても悪くても、テストが返却された後は次の単元がスタートします。このような展開では「学び直し」などできません。「うまくいかなくても大丈夫だよ」と本気で伝えるためには「うまくいかなかった場合に学び直せる時間」をつくり出す必要があるのです。

先日、友人のS先生と話をする機会がありました。S先生は、漢字の学習の中で見事に学び直しができる環境を作り出していて、とても驚かされました。

S先生の学級では、漢字のテストに何回挑戦してもよいそうです。「何度も挑戦を続けて、最終的にとった点数を評価に入れるよ」と子どもたちに伝えているとのことでした。よく目にする「1日2文字ずつ漢字を学び、単元の漢字をすべて学び終わったらテストをする」という形式ではありません。子どもたちが自分で練習の計画を立て、テストをする日を決め、できなかったら練習して何度も再テストを行うのだそうです。

このような授業展開をしているS先生ならば「失敗しても大丈夫だよ」「何度も挑戦する中で伸びていけばいいいんだよ」と本気で伝えることができるでしょう。

このように、**自分の語る言葉と授業の展開を一致させること**が、子どもたちを成長させていくためには大切なのです。

書くのが苦手だったU君

私が小学校2年生の担任をしたときのことです。クラスにU君という男の子がいました。

4月当初、U君は授業中にいつもフードをかぶり、不安そうな表情をしていました。U君は文字を書くことが苦手でした。授業中、私の話に一生懸命耳を傾けるのですが、全く鉛筆を持とうとはしません。前担任の話では、1年生の頃からずっとそうだったとのことでした。

それを聞いて私は「この1年をかけて、文字を書くことに対する抵抗感をU君から取り除いてあげたい」と考えました。しかし、私がどんなに励ましてもU君は心を閉ざしていて、頑なに鉛筆を握ろうとしません。

そこで、私がとった方法が「繰り返し」でした。具体的に言うと、**まとめを行うときに、常に同じ形式のプリントを使用することにした**のです。

一番上に題名、その下に絵を描くところがあり、最後に文章を書くところがある。言わば絵日記のような形式です。この形式のプリントを、私はどの授業でも使用しました。生活科のミニトマトの観察のときも、町探検のまとめのときも、異学年交流や遠足の感想をまとめるときにも使用しました。その理由は、

「大丈夫だよ。今年1年間、このプリントでのまとめを何回もするからね」

「上手に書けなくてもいいいんだよ。少しずつできるようになればいいいんだよ」

とＵ君に本気で伝えるためです。

はじめての観察

先ほどのプリントをはじめて使ったのは、生活科でミニトマトの種を観察したときのことです。Ｕ君は予想通り、鉛筆を持とうとしませんでした。そこで私は、赤鉛筆で薄く名前と書き出しの文を書いてあげて、それをなぞるように言いました。私の言葉でＵ君は鉛筆を取り出し、ゆっくりと私の書いた文字をなぞりはじめました。

私は心の中で「Ｕ君は頑張れるかもしれないぞ」と思いました。しかし、その期待は虚しく裏切られます。結局、Ｕ君は私の文字をなぞった後に固まってしまい、その後は何も書くことはできませんでした。もちろん絵の部分は真っ白です。

今までの私だったら、その様子を見て「絵まで描きなさい。描かないと終われないよ」と口にしていたでしょう。しかし、私は「かしこさの階段」を見せながらＵ君にこう話しかけました。

U君。あなたは今日すごくかしこくなったね。これを見てね。前のあなたは、鉛筆を握ろうともしなかったよね。でも、今日のあなたは自分で鉛筆を持って文を書いていたね。いになぞれているね。**これは「やってみる」の階段に上ったってことなんだよ。**しかも、先生の書いた文をきれいになぞれているね。**先生と一緒にかしこくなったってことは「わかる」の階段まで上れたっていうことだよ。**あなたは今日、こんなに高い段まで上ることができたんだよ。自信をもってね。これと同じようなプリントで、またまとめをするからね。こんなに頑張り屋のあなたなら、次はもっともっと上手になるはずだよ。

U君は驚いた顔で私を見ました。そして小さくうなずきました。

2回目の観察

ミニトマトの種を観察した日から10日ほど経ちました。ミニトマトの芽が出たので、また観察カードを書く時間をとることにしました。もちろん、使うのは前と同じ形式のプリントです。その日もU君は、鉛筆を持とうとはしませんでした。そのため私はまた赤鉛筆で「ミニトマトのめがでたのでかんさつをしました。はじめに」と薄く書きました。そしてそれをなぞるようにU君に伝えました。

U君はゆっくりと鉛筆を取り出して書き始めました。その後、私は他の子の質問に答えるためにU君から離れました。他の子の質問に答え、ほっと一息ついた後、私はU君の方へ目を向けました。すると驚くべき光景が目に入ってきたのです。

なんとU君が一生懸命に文を書いているのです。この前は私の書いた文字をなぞるので精一杯だったのに、今日は私の書いた文章の続きを書いていました。お世辞にも字はされいとは言えません。文字はマスからはみ出し、段落もなく、句読点も抜けています。でも、彼は一生懸命にミニトマトの芽を見ながら、気づいたことをまとめていたのです。

文字を書くのがゆっくりだったため、残念ながらその日は絵を描くところまで辿り着くことはできませんでした。しかし、前よりも明らかに成長しています。

授業終了後、私は前回の種を観察したときのプリントと、今日書いたプリントを机に並べてU君に話しかけました。

U君。先生は驚いたよ。初めは先生の文字をなぞっていたよね。でも、その後に先生の書いた文章の続きを自分1人の力でまとめたんだね。「かしこさの階段」を見てみて。**U君は今日、「（1人でも）できる」の段まで上れたってことじゃないかな？**　いや、違うぞ。

もっと上の段の「説明できる」「伝えられる」まで上れているんじゃないかな？

一生懸命まとめていたあなたを見て、先生はとてもうれしく思ったよ。ありがとう。

するとU君は、小さな声で恥ずかしそうにこのように口にしました。

「でも、時間がなくて絵まで描けなかった…」

それを聞いて私はこう続けました。

全然気にしなくていいよ。今日使ったこのプリントは、これから何回も使うからね。少しずつ慣れていけばいいんだよ。何回も挑戦していくうちに、U君ならきっと絵までまとめることができるようになるからね。安心してね。

学習中も、学習の最後にも「かしこさの階段」を見せながら、このような声かけを続けていきました。すると、その日からU君の学習に対する姿勢が少しずつ変わっていったのです。フードをかぶって学習から逃げることはなくなりました。不安そうな表情は消えていき、自信をもって学習に取り組む様子が見られるようになっていったのです。

成長をクラスに広げる

U君を担任した1年間。私は先ほどの形式のプリントを使用し続けました。多分、1年間に10回以上、学習のまとめに活用したと思います。

2学期の町探検のまとめを行うときには、U君は私の助けなどなくても、すらすらとまとめができるようになっていました。そこで、私はU君の許可をもらって、今までのU君の書いたプリントの束をもってきました。そして、1枚1枚実物投影機でテレビに映して学級の子どもたちに見せました。それを見た子どもたちは、U君の成長に驚きの声をあげました。すべてのまとめプリントを見せ終わった後、私は子どもたちに話しかけました。

みんな。今までのU君の作品を見てどうでしたか？　この1枚目のプリントを見てもわかるように、初めU君は書くのが苦手だったよね。でも、何度も挑戦していくうちにここまで上手にまとめができるようになったんだね。みんなは上手に書けていない作品を「恥ずかしい」って思うでしょ？　でもね。うまくできなかった作品は宝物なんだよ。だって見てみて。この1枚目の作品があるからこそ、今のU君の作品の成長が見えると思いませんか？　成長しない人間なんていないんだよ。**何度も繰り返していけば、必ず何かができるようになっているんだよ。でもね、その「成長」って目には見えにくいんだ。**

「うまくできなかった」「失敗した」「下手くそだ」

こんなことを言う人がいるね。でも、そんなことはどうでもいいんだよ。

U君みたいに、何度も繰り返し挑戦する中で成長していけばいいんだからね。U君。大切なことをみんなに教えてくれてありがとう。


いかがだったでしょうか？

「学び直しができる環境」は教室に安心感を生み出し、子どもたちに「挑戦する勇気」を生み出していきます。今回は「漢字テスト」と「学習のまとめ」の例をあげました。これ以外にも「学び直し」を生み出すための方法はたくさんあります。この方法についてさらに詳しく知りたいと思った方は、拙書『子どもの書く力が飛躍的に伸びる！　学びの力リキュラム・マネジメント』（学事出版）をお読みください。「失敗しても学び直していける学習」をつくっていくためのヒントが散りばめられています。

第6章

授業での言葉かけをする

国語科の学習での活用

国語の教科書を開いて、それぞれの単元の目標を見てみましょう。かしこさの階段に書かれている言葉と同じ言葉がたくさんあることに気づきませんか？

- ・登場人物について考えたことを友達と**伝え合い**、考えを深めましょう。
- ・読んだ感想を友達と**伝え合い**、自分と同じところやちがうところを見つけましょう。

国語の学習は「**伝え合う**」ということを大切にしていることが見えてきます。私は国語の授業の導入場面では必ず、子どもたちと到達したい場所を確認してから授業を始めることにしています。

教科書を見てね。この単元のめあてが書かれているね。この単元のめあては「伝え合うこと」だよ。かしこさの階段でいうと、ずいぶん高い場所だね。「伝え合う」ということは、１人では達成できない目標だね。あなたも、隣のあなたも、後ろのあなたも…みんなの力が必要な学習だね。君たちはこんなに高い段を目指した学習をしているんだね。

中には、いきなりこんなに高い段に上る自信がない人がいるかもしれないね。でも大丈夫だよ。自信がなくても、まずは「やってみる」の段に上ることから始めればいいんだよ。友達や先生と一緒に「わかる」の段を目指してもいいし、まずは自分なりに「説明できる」の段を目指してもいい。**自分のペースで少しずつ上っていくこと。それが「かしこい」っていうことだからね。**みんなが今いる場所から一段でも上っていけるように学習を進めていこうね。

単元の初めに、私は「かしこさの階段」を見せながらこんな風に語りかけています。自分が目指す場所を意識させてあげると、子どもたちの表情が変わります。中には、

「僕は今日、あの段を目指したいな」

などと、自分なりの目標を口にする子もいます。こういう気持ちをもてる子を育てていくこと。それが学習に主体性を生み出していくための第一歩です。

発表場面での活用

　国語の学習に限らず、様々な教科で学習成果を発表し合う場面があります。この発表場面でも「かしこさの階段」を活用しながら言葉かけをしていくことで、参加意欲の深まりが生まれます。

　発表会というのは基本的に「話す人」と「聴く人」が必要です。双方への意識づけのために、このような対話をしてから学習を始めてはどうでしょうか？

　２年生の教室をのぞいてみましょう。

先生　：いよいよ今日は発表会ですね。今日の発表会の目標はなんだったかな？
子ども：発表会をして「感想を伝え合うこと」です。
先生　：そうだね。「伝え合う」というのは、かしこさの階段の一番上ですね。
子ども：こんなに上の勉強なのかぁ。

先生：そうですね。みんなはすごくレベルの高い学習をしているんですね。
子ども：そうだったのかぁ…。
先生：今日の学習は「発表する人」と「聴く人」に分かれますね。どちらかだけが頑張れば「伝え合う」の段に行けるのかな？
子ども：「伝え合う」には、「発表する人」も「聴く人」も頑張らないといけないよ。
先生：そうだよね。この図（A）を見てね（図を取り出す）。発表する人は、聞いている人に伝えることを意識してね。この図のように、書いてあることをただ読むだけでは「伝える」の段には上れないよね。相手のことを考えて、気持ちを込めて発表できたら一番高い段

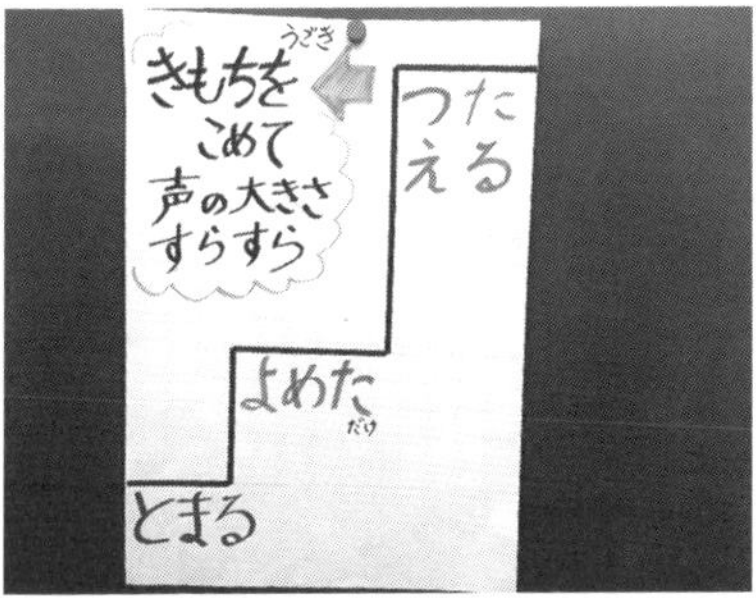

A　「話す」の階段

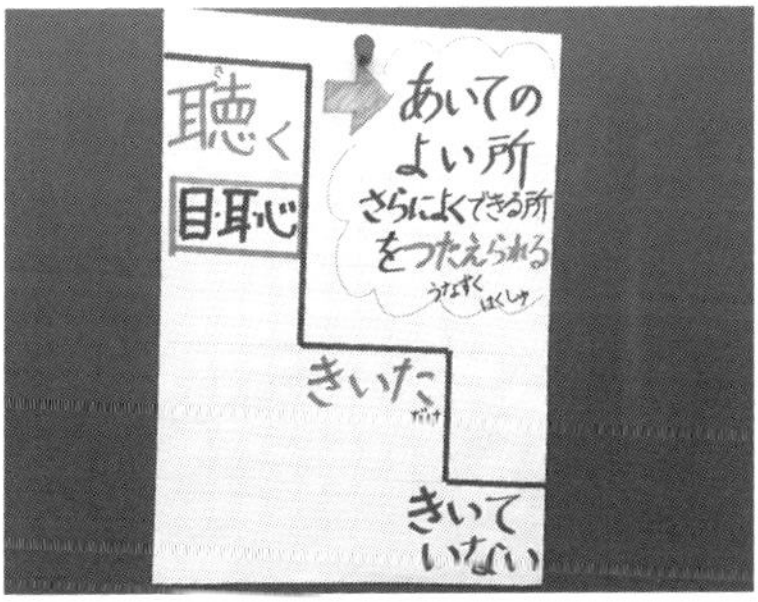

B　「聴く」の階段

に上れるよね。
子ども：うん。頑張ってみる。
先生：聴く人はただ聞いているだけでいいのかな？
子ども：それはダメ！　発表してくれた人のよい所を探すことが大切だと思う。
先生：そうだね。この図（B）を見てね（図を取り出す）。ただ聞いているだけだったら、相手のよい所は見えてこないね。発表してくれた人がどんな工夫をしているのか？　どんな所をまねしたいと思ったのか？　感じたことを、発表した人に伝えられるように聴くことが大切だね。
子ども：はい！　頑張ってみます！
先生：この2つの階段、実はくっつくんだよ。
子ども：えっ？　くっつくの？
先生：そうだよ。くっつけてみるね。どう？　話す人の階段と聞く人の階段がぴったりくっつい

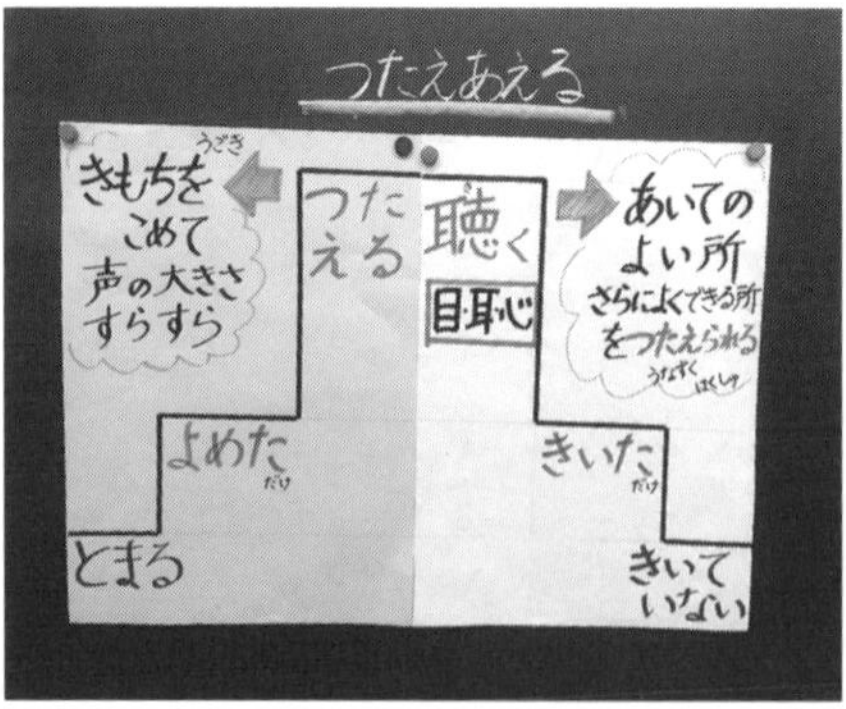

AB 「伝え合う」の階段

たね。**両方が一番上の段で出会うこと。これが「伝え合える」っていうことなんだよ。**

子ども：なるほど！　２人とも頂上まで行かないと、伝えることができないもんね。「伝え合う」ってそういうことなのか。

先生　：よく気づいたね。この授業の終わりにはみんなが山の頂上に登って、お互いのすてきなところを伝え合えたらいいね。さあ、発表会のスタートだ！

いかがだったでしょうか？

音読、劇、楽器、ダンス、プレゼンテーション…授業では様々な発表場面があります。それぞれの場面で「かしこさの階段」を活用しながら、「伝え合う」ということをきちんと意識してみてはいかがでしょうか？

授業が始まる前のちょっとした対話ですが、これによって子どもたちの発表への意欲はぐっと高まります。「かしこさの階段」を使いながら、目標を意識していく。子どもたちにそんな習慣をつけていきたいものです。

生活科の学習での活用

「かしこさの階段」は、たとえ低学年であっても活用することができます。2年生の生活科の最初の学習に、新しく入学した1年生に自分たちの学校のことを「伝える」学習があります。低学年の子どもたちは「伝える」ことが大好きです。特に2年生は、お兄さんお姉さんとなった誇らしさから、この学習に張り切って取り組みます。このような子どもたちに、かしこさの階段を使って語りかけることで、自分たちがすごい学習にチャレンジしているのだということを感じさせることができるでしょう。

先生　：みなさん。進級して2年生になりましたね。新しい1年生も入ってきて、みんなはお兄さん、お姉さんになりましたね。

子ども：うん！

先生　：お兄さん、お姉さんになったみんなと一緒に学ぶ最初の生活科のお勉強は、新しく入学した1年生に、◯◯小学校のことを教えてあげるお勉強です。
子ども：やったー！　1年生かわいかったよね。
先生　：そうですね。今日の勉強のめあては「1年生に学校のことを伝えよう」です。このめあては、かしこさの階段の中のどこの段になるかな？
子ども：上から2段目の「伝えられる」の所かなぁ？
先生　：その通り。こんなに上の段にある勉強をするんだね。さすが2年生だね！
子ども：こんなに高い所まで上れるかなぁ？
先生　：大丈夫だよ。先生も助けるからね。みんなで一緒にかしこさの階段を上っていこうね。ちなみにみんなは、1年生にどんなことを伝えたい？
子ども：体育館で遊べることを伝えたいな。
子ども：生活科室で飼っているお魚のことを伝えたいよ。
子ども：小学校ではいろんなお勉強をすることを伝えたいな……。
先生　：みんなすばらしいね！　伝えたいことがたくさんあるんだね。じゃあ、今みんなが出した意見をまとめていこうね。
（話し合いながらまとめる）

先生　：たくさん意見が出ましたね。伝えたいことが決まったから、今度はどうやって伝えるか考えようか。伝え方にはいろいろな方法があるよね。
子ども：お手紙で伝えたい！
子ども：学校を案内して伝えたいな。
子ども：教科書を見せてあげたら伝わるかも…。
先生　：どの方法もすてきだね。みんななら、かしこさの階段の「伝えられる」の所まで上れちゃうんじゃないかな？
子ども：うん！　なんかわくわくしてきた！
先生　：では、次の時間はみんなで、どうやって伝えるのかについて話し合っていきましょうね。みんなの伝えたいことが1年生に伝わる、すてきな勉強になるといいですね。この勉強を通してみんなでかしこくなろうね！
子ども：はーい！

いかがでしょうか？　このように「かしこさの階段」と照らし合わせながら話をすることで、子どもたちは自分たちがどんな学習をしているのかを感じ取れるようになっていきます。

第1章でも述べたように、「かしこい」という言葉はたとえ低学年の子どもたちであってもきちんと意味が伝わる言葉です。このような語りかけをしていくことで、子どもたちは「誰かに伝える」という活動はとても楽しく、大切な学習なのだと感じられるでしょう。

この他にも、生活科の学習はみんなで調べたり、観察したり、つくったり、発表したりする活動がたくさんあります。どの活動においても「伝える」ということを意識して学習を進めていきたいものです。

同じクラスの友達、同級生、下級生、上級生、先生方、おうちの人など…自分たちの学びを伝えることができる相手はたくさんいます。低学年の段階から「自分の学んだことを誰かに伝えたい」という思いを、たくさん育んでいきたいものです。

その際はぜひ「かしこさの階段」を提示しながら、自分たちがすごく価値のある学習をしているのだということを、子どもたちに感じさせてあげたいものです。それが子どもたちの意欲をどんどん高めていき、成長へと導いていくはずです。

算数科の学習での活用

多くの算数の教科書は、大問と小問に分かれています。
教育出版の算数科「かけ算の筆算」（小3）の単元を例に考えてみましょう。
教科書は、次のような構成で授業を進めていくようになっています。

①23×３の筆算のしかたを見て、どのように計算するのか考えましょう。
②21×４の筆算のしかたを説明しましょう。
③練習問題を解きましょう（小問４問）。

私はこれらの問題を1つずつ「かしこさの階段」に照らし合わせながら、教科書が何を求めているのかを子どもたちと考えることにしています。

①23×３の筆算のしかたを見て、どのように計算するのか考えましょう。

この問題は、教科書に載っている「23×３」の筆算のしかたを見ながら解き方を考えることを目標にしています。先生が子どもたちと話し合いながら、一緒に筆算のしかたのコツを見つけ出していくことが求められています。

「かしこさの階段」に照らし合わせると、この課題は**「わかる」**段階になります。「わかる」とは、先生や友達と一緒に理解を深めていくという段階です。

②21×４の筆算のしかたを説明しましょう。

この問題の段階はすぐにわかりますね。

課題に書いてある言葉通り**「説明できる」**という段階を目指していることがわかります。先生やクラスメイトと一緒に理解を深めたことをもとにしながら、**自分なりの「説明ができる」ようにする**ことが求められています。

「説明できる」と「わかる」の段階を比べると、先ほどよりも２段高い場所にあります。

つまり、①の問題よりも難易度が上がっているということです。

ということは、算数が苦手な子は難しくて悩んでしまうことが予想されます。そのため、先生は子どもたちに「困ったら近くの人と相談してもいいよ」などと声をかけてあげることが必要になるかもしれません。得意な子には「説明ができるようになったら、近くで困っている子に声をかけてあげようね」と伝えて「説明できる」から「伝えられる」の段階へと上れるように促してあげるとよいでしょう。

③練習問題を解きましょう（小問4問）。

教科書を見ると、ここでは4問ほどの問題が並んでおり、それを解くことが課題となっています。この課題は**「問題を解くことができる」**こと。つまり**「（1人でも）できる」**という段階を目指していることがわかります。

②の課題ですらすらと説明できた子は、きっとすぐに解き終わることができるでしょう。その場合には「解き終わったら、②のときのようにノートに説明を書いてごらん」と声をかけてあげます。先生のこの指示によって「できる」の段階にいる子は、時間をもて余すことなく学習を深めていくことができるでしょう。

一方、苦手な子へのケアも忘れてはいけません。「できる」という段階は、他の段よりも段差が高くなっています。「友達や先生と一緒ならできそうだけど、1人でやるのは自信がない」という子が必ずいます。先生はそういう子のために、「わからなかったら、いつでも声をかけていいからね」「困った子がいたら、みんなで『できる』の段階に上れるように支えてあげようね」と声をかけていくのです。

いかがでしょうか？

算数の問題は他の教科と違って、細かい課題がいくつか並んでいます。

だからこそ先生は「かしこさの階段」を活用しながら、これらの**課題の難易度をある程度見極めて、適切な声かけをしていくことが大切**です。それによって、算数が得意な子も苦手な子も安心して学習に取り組めるようになるのです。このような声かけを継続していき、クラス全体が成長してきたら、子どもたち自身が「かしこさの階段」と照らし合わせながら問題の難易度を探ることもできるようになっていきます。

「この問題は、かしこさの階段でいうとこのあたりだよね。だから難しいよ」

「とりあえず『わかる』の所まででいいから、一緒に上ってみようよ」

友達との学び合いの中で、このような声かけが聞こえてくるようになります。このような声が聞こえてきたら、ぜひクラス全体に共有して、価値づけてあげたいですね。

社会科の学習での活用

小学校の社会科の学習内容は、次のように計画されています。

3年生→**自分たちの市町村**を中心とした地域の学習
4年生→**自分たちの都道府県**を中心とした地域の学習
5年生→**自分の国**に関する学習
6年生→**国際社会**に関する学習

学年が進むに連れて「市町村→都道府県→日本→世界…」というように、視点が広がっていることがわかります。

これについては「かしこさの階段」の最上段「**伝え合える×（かける）人数**」という部分を活用しながら、子どもたちに語りかけることができます。小学校3年生の初めの授業で、こんな話をしてみてはいかがでしょうか？

先生　：今日から社会の学習が始まりますね。みなさんは、社会の授業は初めてですね。社会の授業では、社会に生きる人たちがどんな想いで、みんなを支えているのかを学ぶ学習です。教科書をめくってみましょう。３年生ではどんな学習をしますか？

子ども：私たちが住んでいる町の学習をします。

先生　：そうですね。自分の地域の学習が終わったら、もう少し範囲を広げて市町村の学習もしますよ。

子ども：へえー楽しそう。

先生　：３年生では、自分の住んでいる町と市町村について学びます。地域の人にインタビューしたり、公共施設に見学へ行ったりして、そこで働く人たちがどんな想いをもって働いているのかを学びます。そこで働く人々がみんなにどんなことを伝えたいと思っているのか？　みんなでそれを学んでいきましょう。

子ども：かしこさの階段で言うと「伝え合える」の部分だね。

先生：そうですね。町の人たちが伝えたい思いをしっかりと受け止めていきたいですね。来年、４年生になると、学ぶ範囲がもっと広がっていきますよ。市町村をもっと広げると何になるかな？

子ども：都道府県！

先生：その通りですね。４年生になると「都道府県」の学習をします。こんな風に、社会科の学習はどんどん広がっていくんですよ。

子ども：へぇー。５年生や６年生は？

先生：５年生はさらに範囲が広がって「日本」の学習をします。そして、６年生になると「世界の国」の学習にまで広がっていくんですよ。

子ども：どんどん広がっていくんだね。

先生：社会科の学習を通して、たくさんの人の想いを受け取り、感じたことを発信していきたいですね。これは「かしこさの階段」でいうと**「×（かける）人数」**という部分ですね。目に見える身近な人の想いはもちろん、目には見えない遠くにいる人の想いまで。様々な人のメッセージを受け止められるようになれたらすてきですね。

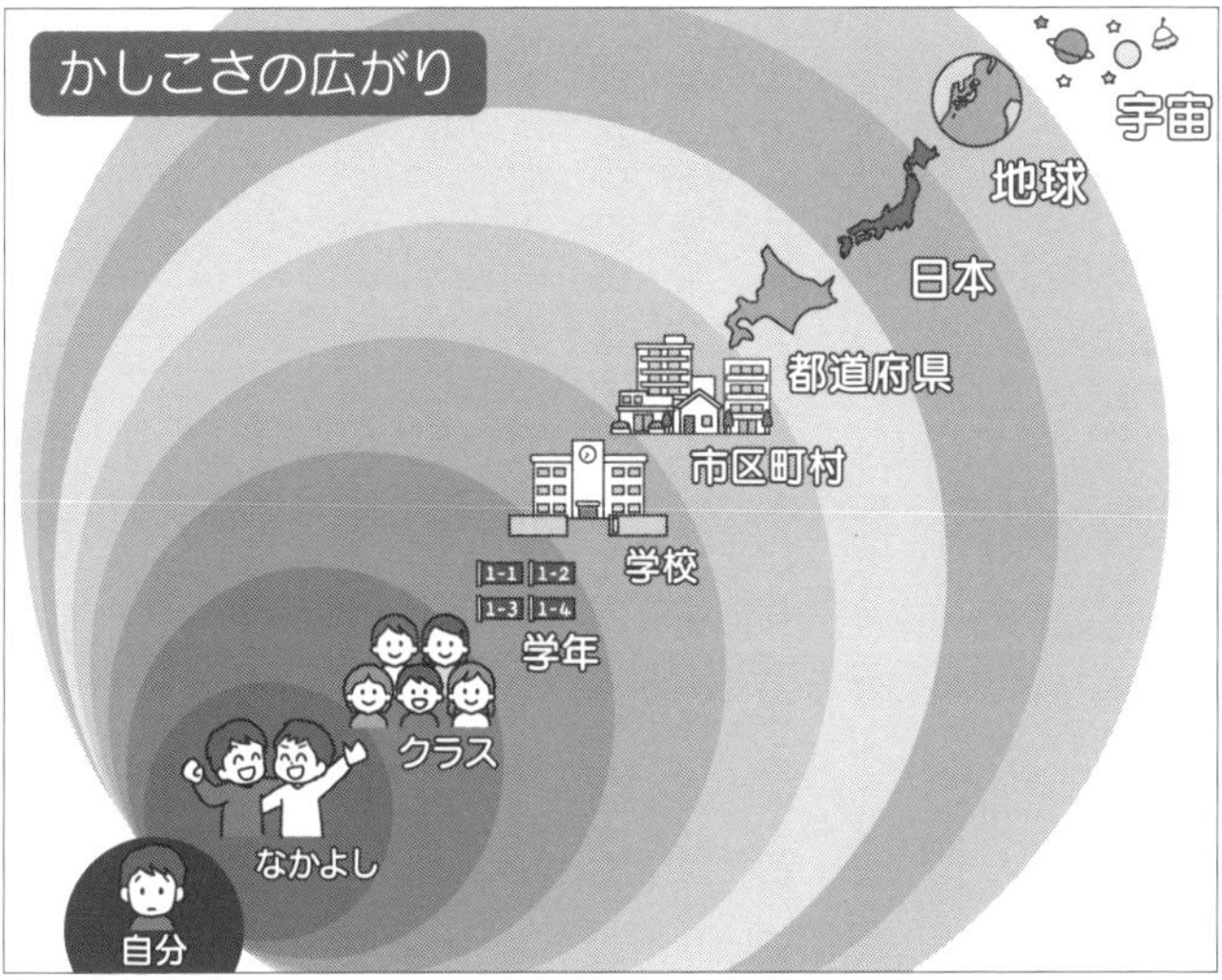

　親しい友達の気持ちは理解しようとするけれど、親しくない人の気持ちはおかまいなし。そういう人はかしこいと言えるでしょうか？

　かしこい人は、自分には関わりの薄い人の気持ちを想像し、その人のために行動することができるものです。今まで目を向けずにいたところに目を向け、視点を広げていく。それが子どもたちを成長へ導くために大切なのです。

　私の教室ではしばしば上のような図を使って「かしこさの広がり」の大切さを伝えています。社会の学習内容の広がりと結びつけながら、子どもたちに語りかけてもいいですね（巻末からダウンロードすることができます）。

理科の学習での活用

理科の学習で大切なことは、子どもたちが目的意識をもって実験や観察に取り組めるように導いていくことです。目的意識がない状態で実験や観察を行っても、科学的なものの見方を養うことはできません。

理科の学習は楽しいものです。だからこそ「よくわからないけど面白かった」というような「活動あって学びなし」の状態に陥りがちです。このような状態にならないように、きちんと目的意識をもたせながら学習に取り組ませていきたいものです。そのためにも「かしこさの階段」を活用することができます。

ここでは、小学4年生の「ものの温度と体積」の学習場面をのぞいてみましょう。

先生　：みんなには、これからある実験に取り組んでもらいます。さて、みなさん。今日実験することはなんでしたか？

子ども：ペットボトルをお湯や水につけたら、どうなるのかを調べます。
先生　：そうですね。ペットボトルにどんな変化があるのか？　そして、どうしてそうなるのか？　それらをみんなで考えていきましょうね。
子ども：はーい！
先生　：かしこさの階段を見てください。今日の実験のゴールはどこですか？
子ども：「できる」の段かなぁ。
先生　：実験ができたらそれでいいのかな？
子ども：あっ。それだけじゃダメだ。実験でわかったことを伝えられるようにならないといけないいんじゃないかな……？
先生　：その通りですね。今日の実験のゴールは「伝えられる」の段ですよ。実験が終わった後、実験を通して考えたことを書いて、みんなに伝えてもらいます。
子ども：先生！　質問してもいいですか？
先生　：なんですか？
子ども：最後のまとめに活用するために、実験中にわかったことをノートにメモしておいてもいいですか？

先生　：もちろんいいですよ。
子ども：先生！　温度のことも最後に伝えたいので、温度計を借りてもいいですか？
先生　：もちろん。必要な道具は自由に使っていいですよ。**「伝える」ということに必要なことならば、どんな工夫をしてもかまいませんよ。**
子ども：最後にしっかりまとめられるように、班で役割分担を決めない？
子ども：いいね！　記録の人がいるといいよね。
先生　：すばらしいですね。では、これから実験に入りましょう。実験が終わって結果がわかったら、班ごとにまとめの時間に入っていいですよ。
子ども：はーい！

このように、どの実験・観察でも「伝えられる」という目的地を意識させていくことが大切です。「伝える」という目的をきちんと設定することで、子どもたちは実験や観察で感じ取ったことや、見つけ出した発見を心に留めようとしていくものです。

教室の学びのレベルが上がってきたら「今日はこれを使いなさい」と先生の方から使用する実験器具を提示するだけでなく、子どもたち自身で考えさせる場面もつくっていきた

いものです。私はよく子どもたちに、

「もしも実験で使う道具以外にも必要な道具があるならば、遠慮なく言ってくださいね。**『伝えるために必要だ』と思うものならば貸しますよ**」

と伝えています。「○○について調べて伝えたいので××を使っていいですか？」と言葉にできる子は、きちんと目的意識をもつことができています。

先生は目的地を指し示す。子どもたちは、どのようにそこへ到達するのかを考える。このようなサイクルを生み出していきたいものです。下のレポートは、先ほどの授業後にある子が書いたまとめです。イラストや自分の体験を交えながら、楽しく伝えようとしていました。「伝えるって楽しい！」と思える子どもたちを育てていきたいですね。

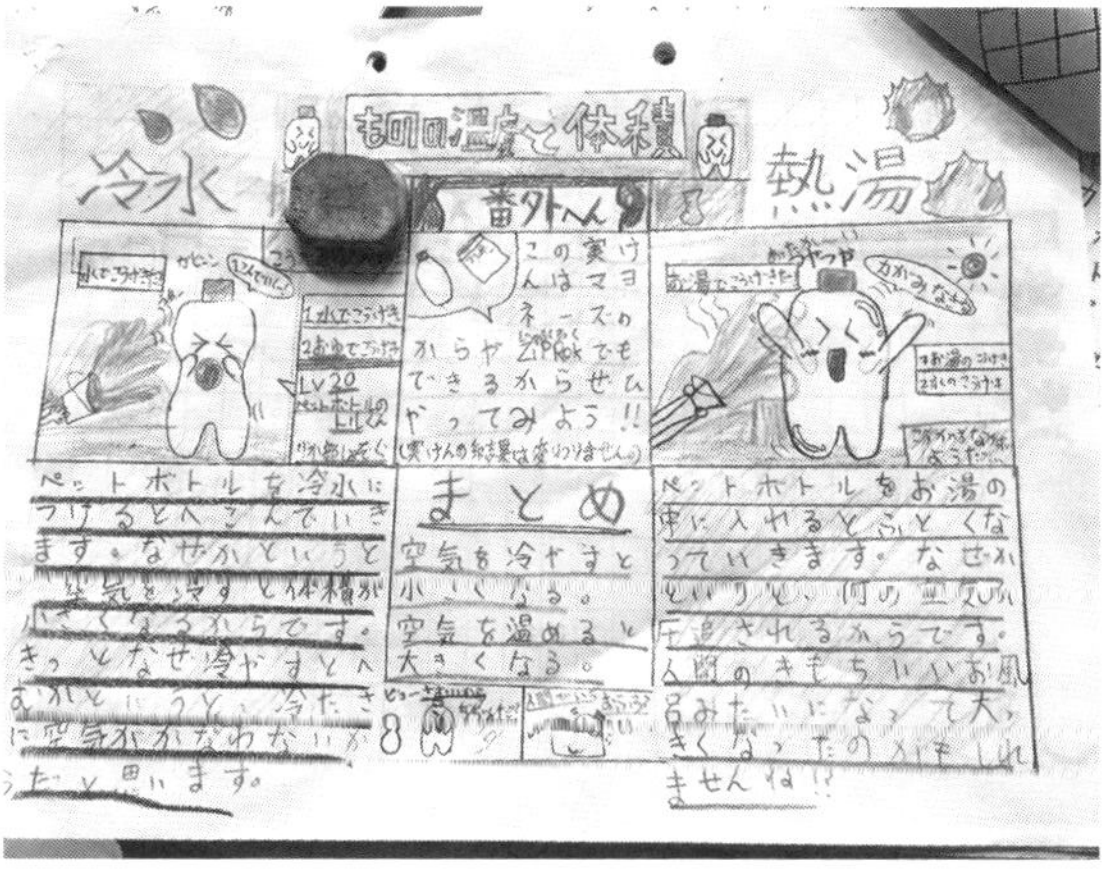

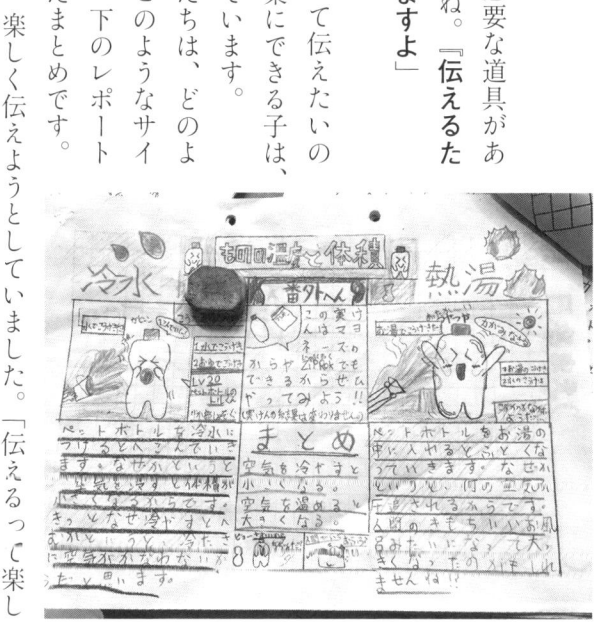

道徳科の学習での活用

道徳科の学習で大切なことは、道徳的諸価値についてきちんと理解することです。「正直であること」「思いやりをもつこと」「規則を守ること」「生命を尊重すること」など、道徳の内容項目はたくさんあります。そのどれもが、子どもたちが社会の中で生きていく上で大切なことです。しかし気をつけなければならないのは、道徳的価値を理解しただけで終わらせないということでしょう。

道徳的諸価値を理解すると同時に、自己を深く見つめ、自分の生き方へ活かしていくことが大切です。「かしこさの階段」は子どもたちに内面を見つめさせるためにも有効です。ここでは「親切、思いやり」に関する授業での活用の様子をのぞいていきましょう。

先生　：みなさんは「思いやり」という言葉を知っていますか？

子ども：知っているよ。誰かを大切にする心のことじゃないかな？

子ども：優しくすることだと思う。
先生　：その通りですね。みなさんは思いやりをもつことは大切だと思いますか？
子ども：大切だと思うな。
子ども：思いやりがないとみんなが嫌な気持ちになるよ。
先生　：そうですね。一人一人が思いやりをもつことで、みんなが笑顔で過ごせるのですね。それはみんなわかっていますよね。
子ども：はい。
先生　：では、質問を変えましょう。思いやりをもつことが大切だとわかっていたんだけど、相手に思いやりをもてなかったなぁという経験はありますか？
子ども：ああ。あるなぁ。僕はこの前、友達が困っていたとき、優しくできなかったもの。
先生　：あなたはすごく正直ですね。ちなみに、優しくできなかったのはどうして？
子ども：その人とあまり話をしたことがなかったの。だから声がかけづらくて…。
先生　：なるほどね。あまり親しくない人には声がかけづらいってことがありますね。他の人は？　どうですか？
子ども：私もあります！　この前、時間がないときに家族に強く当たってしまって…。

先生：なるほどね。時間がないときも思いやりを忘れがちになってしまいますね。みんなは思いやりをもつことは大切だってわかっていたよね。でも実際は、思いやりをもつことがなかなかできないときがあるんだね。

子ども：はい。

先生：これが道徳の授業ではとても大切なんですよ。わかっているけどできない。**かしこさの階段でいうと、この「わかる」と「できる」の間の部分ですね。**

子ども：ここだけ階段の高さが高くなっているね。

先生：そうですね。それぐらい「わかること」と「できること」は違うんですね。

子ども：「わかる」だけじゃダメなんだね。

先生：いいことに気づいたね。ではこの高い段差を上るために、私たちはどうすればいいのかな？　みんなで考えてみましょう。

「はーい！」（続く…）

「思いやりをもつことは大切だ」ということを、子どもたちは最初から理解しています。しかし、それを再確認しただけで授業を終えてしまうのは非常にもったいないですね。その理解を自分たちの内面へとつなげていけるようにしたいものです。かしこさの階段を活用することで、「わかること」と「できること」は全く違うことを子どもたちは理解することができます。

「わかっていたけど、できなかったことってありますか？」

この問いは、多くの内容項目で活用することができます。かしこさの階段を活用しながら、「わかる」から「できる」の段へ上ることの難しさや大切さを考えさせていきたいですね。

わかったつもりにならない。心の奥深くまで切り込んでいく道徳授業をつくるために、かしこさの階段を活用してみてはいかがでしょうか？

第7章

クラスみんなで「かしこさ」を共有する

「かしこさ」を形にする

本書では、主に「かしこさの階段」を用いた言葉かけの仕方について書き進めてきました。しかし、第1章で述べたように「かしこさ」とは非常に奥が深い言葉です。誰もがイメージできるけれども、はっきりとした形がない。これが「かしこい」という言葉のもつ大きな力です。「かしこさ」とは1つではありません。様々なかしこさが日常の中には隠れているのです。子どもたちが「かしこさ」につながる言動を見せたとき、私はそれを子どもたちにフィードバックしています。

「これもかしこいってことだよね？」「こういうかしこさもあるんじゃない？」

このような語りかけを通して**「かしこさ」という概念を広げていく**のです。

私のクラスでは、日常から見つけ出した「かしこさ」を掲示にして、何度でも振り返れるようにしています。この章では今までに子どもたちと見つけ出した「かしこさ」について、掲示物を交えながら紹介していきたいと思います。

「つなげられる人」はかしこい人

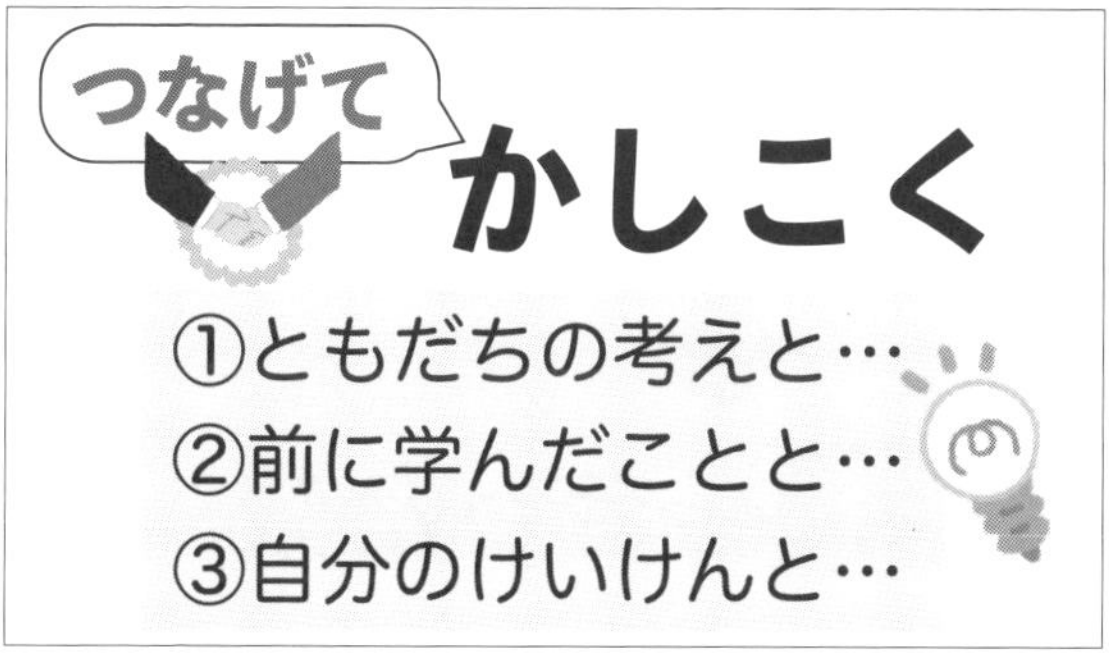

つなげられる人＝かしこい

「つなげられる人」って「かしこい人」なんだよ。つなげ方は3つあるんだ。

1つ目は**「友達の考えとつなげる」**こと。「あの子の考え、私と似ているなぁ」って思ったら、つなげるチャンスだね。2つ目は**「前に学んだこととつなげる」**こと。「あっ、前に学んだあの勉強と似ているなぁ」って感じたら、学びがつながるチャンスだよ。3つ目は**「自分の経験とつなげる」**こと。「私もそんな経験したことあるなぁ」と思ったら、過去のあなたと今のあなたがつながるチャンスだね。つながり方はいろいろあるね。さぁ、今日の学習でつながるチャンスはあるかな？　この図を見ながらぜひ探してみてね。

「挑戦する人」はかしこい人

挑戦する人＝かしこい

「かしこさ」って「成功」の数じゃないんだよ。「かしこさ」って**「スタートをきった数」**のことなんだ。スタートをきった結果がたとえ失敗でも、人は一歩かしこくなれるんだよ。

今日の授業であなたは教科書を開いたよね。それも1つのスタートだよ。その後、筆箱を開けて鉛筆を持ったね。それも立派なスタートだ。ノートに問題を書いて解いたよね。それもスタートをきったってこと。これだけでも、3つもかしこくなれているんだよ。ゆっくりでもいいじゃない。間違ったっていいじゃない。一つ一つ丁寧にスタートをきっていこうよ。それが必ずあなたのかしこさにつながっていくからね。応援しているよ。

「伝え合える人」はかしこい人

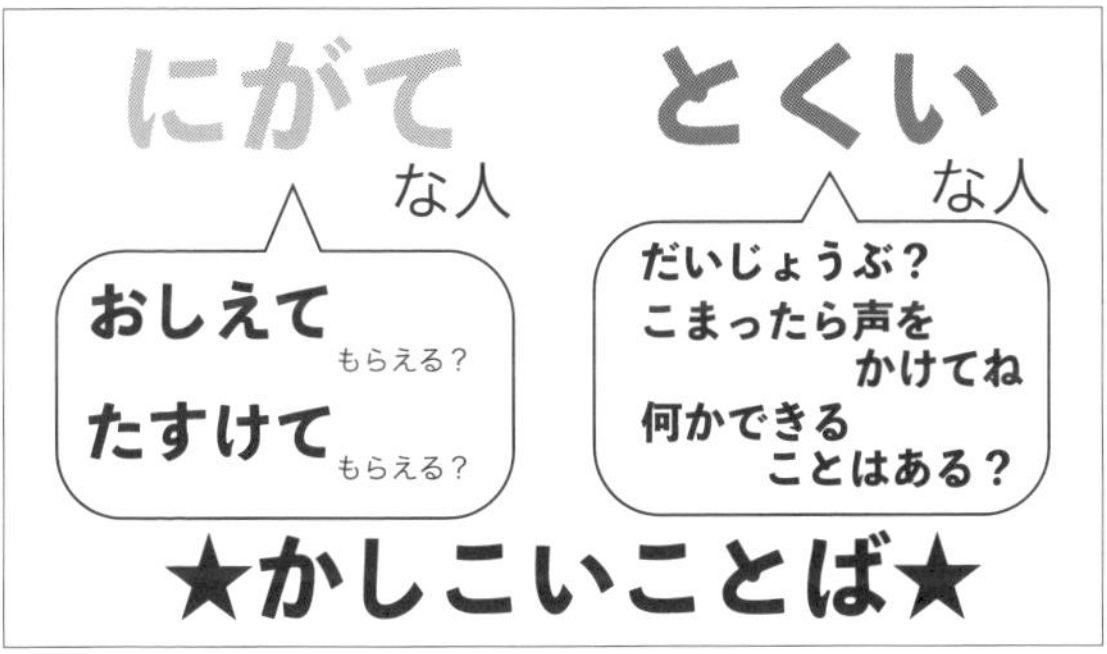
にがて
な人
おしえて
もらえる？
たすけて
もらえる？
とくい
な人
だいじょうぶ？
こまったら声をかけてね
何かできることはある？
★かしこいことば★

伝え合える人＝かしこい

勉強が苦手な人はかしこくなれない。そんな風に考えてはいないかな？　それは違うよ。苦手な人だってかしこくなれる魔法の言葉があるんだ。それは**『教えて・助けて』**っていう言葉。この言葉を言える人はとてもすごい人だよ。自分がわからないことを認めて、誰かに助けを求めるのは勇気がいるもんね。勉強が苦手でも、この言葉が言える人はかしこいんだよ。得意な人は、苦手な人が「教えて・助けて」と言いやすくしてあげよう。「教えてあげるよ」なんて言わなくていいよ。**「困ったらいつでも声をかけてね」**と自分を開いておけばいい。こういう言葉をかけ合えるクラスが「かしこいクラス」なんだ。みんなでかしこい言葉をかけ合える、温かいクラスをつくろうね。

「自由の質をあげられる人」はかしこい人

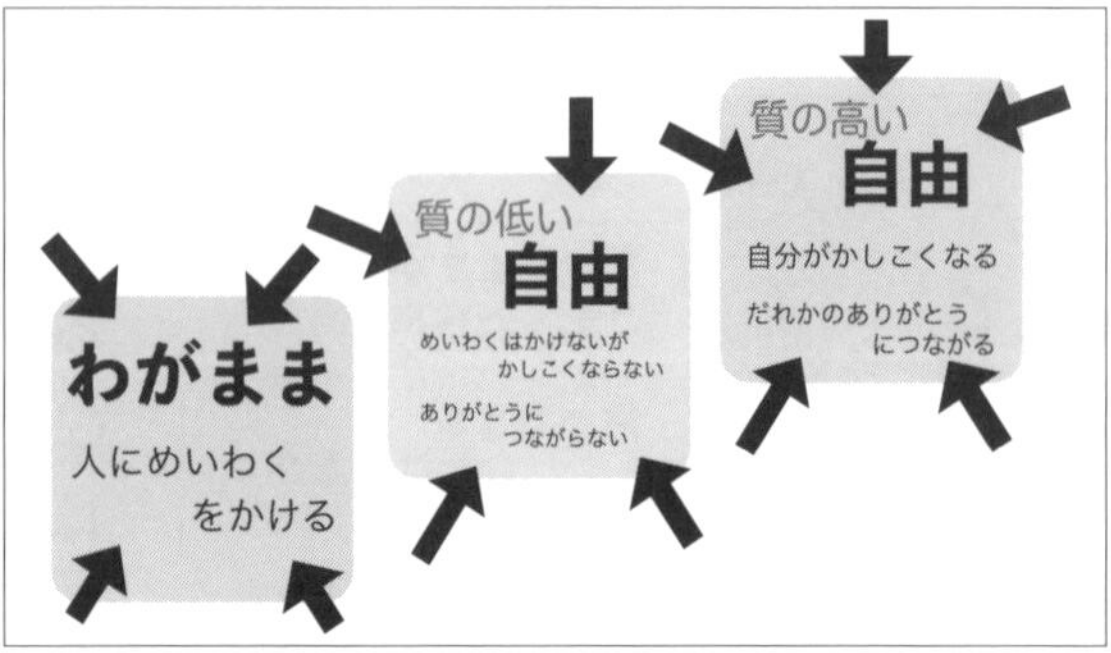

わがまま
人にめいわくをかける
質の低い
自由
めいわくはかけないがかしこくならない
ありがとうにつながらない
質の高い
自由
自分がかしこくなる
だれかのありがとうにつながる

自由の質をあげられる人＝かしこい

「自由」と「わがまま」は全く違うものだよ。「自由」は刃物のように使い方が難しいんだ。下手すると自分を傷つけてしまう。自由とは3種類あるんだよ。①**質の高い自由**は「誰かのありがとうにつながるもの・自分がかしこくなるもの」②**質の低い自由**は「ありがとうにもかしこさにもつながらないもの」③**わがまま**は「人のめいわくになるもの・人を悲しませるもの」。不思議なことに人間は似た人で集まります。「わがまま」な人の周りには「わがまま」な人が集まるものなんだ。先生の仕事はみんなと一緒にこの教室の「自由の質」を上げていくこと。みんなの「自由」が「わがまま」に形を変えそうになったときは先生がブレーキをかけるからね。そのときはもう一度一緒に「自由」について考えていこうね。

「知恵のある人」はかしこい人

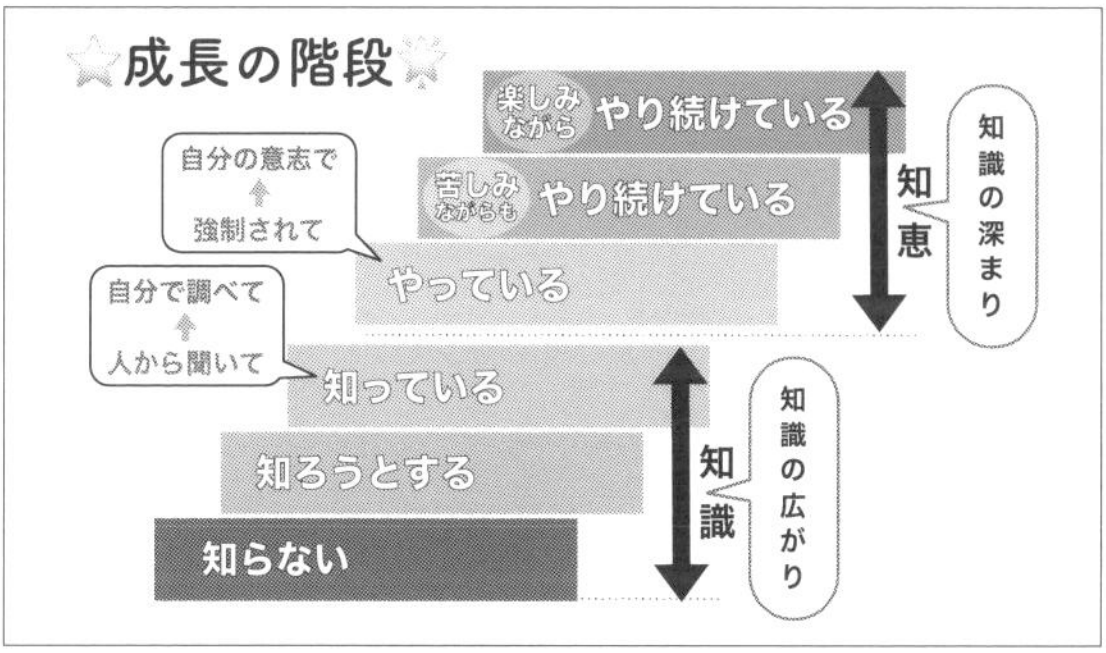
成長の階段
楽しみながら やり続けている
苦しみながらも やり続けている
やっている
知っている
知ろうとする
知らない
自分の意志で ↑ 強制されて
自分で調べて ↑ 人から聞いて
知恵
知識
知識の深まり
知識の広がり

知恵のある人＝かしこい

「知識」と「知恵」ってどう違うのかわかる？　この違いをわかりやすく説明している言葉を紹介するね。

「知識」は行動することで「知恵」へと変わる。

つまり **「知っている＝知識」「やってみる＝知恵」** っていうことなんだね。何度もやっていくうちに「あっ、ここはこういう風にした方がいいかも…」って感じるときってあるよね。それが自分の知識が知恵へと変わった瞬間なんだよ。知識が知恵へと変わるのは、成功したときだけじゃないよね。「ダメだった…次はこうしよう」って考えたときにも知識は知恵になる。何度も繰り返し挑戦していく中で、知識は知恵へと変わっていくものなんだ。学校って、知識を知恵に変えていくための場所だと思うよ。みんなでいろいろなことに挑戦していこうね。

「質問ができる人」はかしこい人

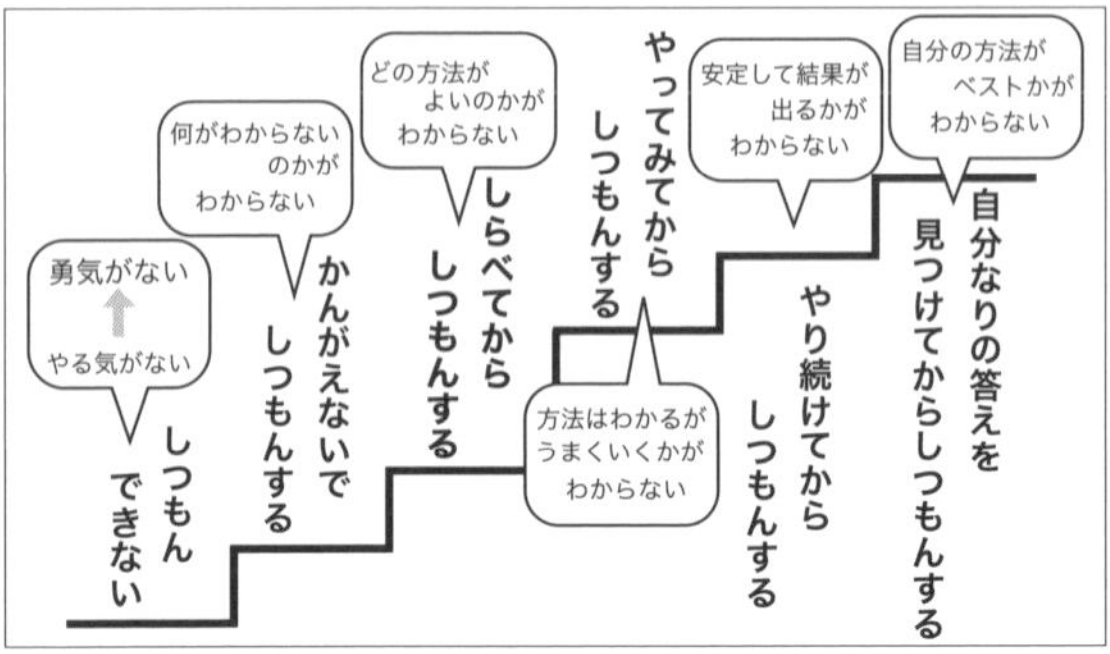
勇気がない
やる気がない
しつもんできない
何がわからないのかがわからない
かんがえないでしつもんする
どの方法がよいのかがわからない
しらべてからしつもんする
方法はわかるがうまくいくかがわからない
やってみてからしつもんする
安定して結果が出るかがわからない
やり続けてからしつもんする
自分の方法がベストかがわからない
自分なりの答えを見つけてからしつもんする

質問ができる人＝かしこい

「教えて・助けて」と言える人はかしこい人だね。でも、自分で考えもしないですぐに「教えて～」なんて口にする人はかしこくないよね。この階段を見ながら自分の質問のレベルを見つめてみてね。この意味がわかれば、質問の仕方が変わるはずだよ。「先生、わかりません」ではなくて「調べてみたんだけどわかりません」「やってみたけどできないんです」「何回もやり続けてきたんだけど、ここがうまくいきません」「私はこれがいいと思うのですが、先生はどう思いますか？」という風にね。この図を見ながら質問のレベルを上げていけたらすばらしいよね。今、あなたがしようとしている質問はどのレベルかな？　ぜひ考えてみてね。

「人のよい所を取り入れられる人」はかしこい人

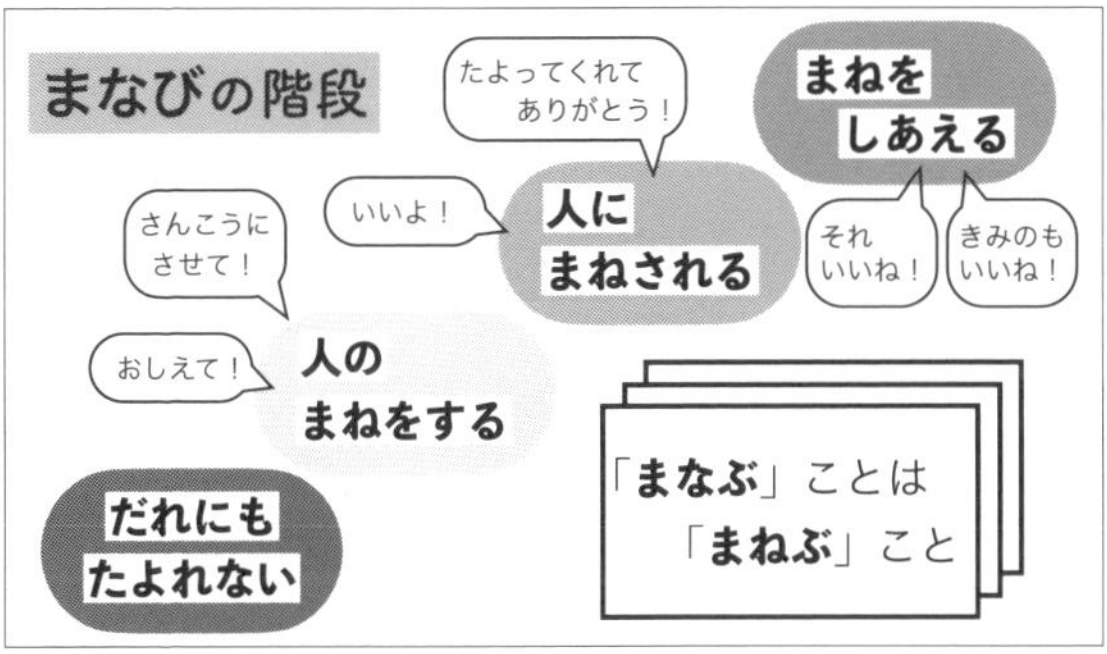
まなびの階段
たよってくれて ありがとう！
まねを しあえる
さんこうに させて！
いいよ！
人に まねされる
それ いいね！
きみのも いいね！
おしえて！
人の まねをする
だれにも たよれない
「まなぶ」ことは 「まねぶ」こと

人のよい所を取り入れられる人＝かしこい

「まね」という言葉を聞くとどう感じるかな？

「まねしないでよ！」っていう言葉からもわかるように「まね＝悪いこと」っていう感じがするよね。でもさ。この世で「まね」じゃないものってあるのかな？　どんなものも必ず、誰かのしたことをさらに高めたり、改善したりしながら生まれたものなんじゃないかな？「学ぶ」という言葉は「まねぶ」という言葉からできたんだよ。よい所をどんどんまねし合えるクラスは、心が開いたすてきなクラスだね。**まねをされたってことは、あなたがすてきなことをしている何よりの証拠だよ。**もしも友達に「まねさせてね」って言われたら、ぜひ「よさを認めてくれてありがとう」って伝えてあげてね。

「未来に目を向ける人」はかしこい人

友達とケンカした。仲直りするために話し合いをしたのに、どんどんケンカがひどくなってしまうことってないかな？

「あのときあなたがこんなことをした」「私はあのときこんなにつらかった」というように「過去」のことに目を向けて話をすると、ケンカはどんどんエスカレートするんだよ。だって、過去はもう変えられないからね。変えられないことを話しても、つらくなるだけだもんね。

かしこい話し合いをする人は「未来」を見ているんだよ。「これからこんな風にしていきたいんだ」「これからはこうしてほしいんだ」というようにね。「未来」を見た話し合いをすると、ケンカはすぐにおさまるよ。**「過去じゃなくて未来を見よう」こんな風に確認してから対話がスタートできたらすてきだよね。**きっと前より仲良くなれると思うよ。

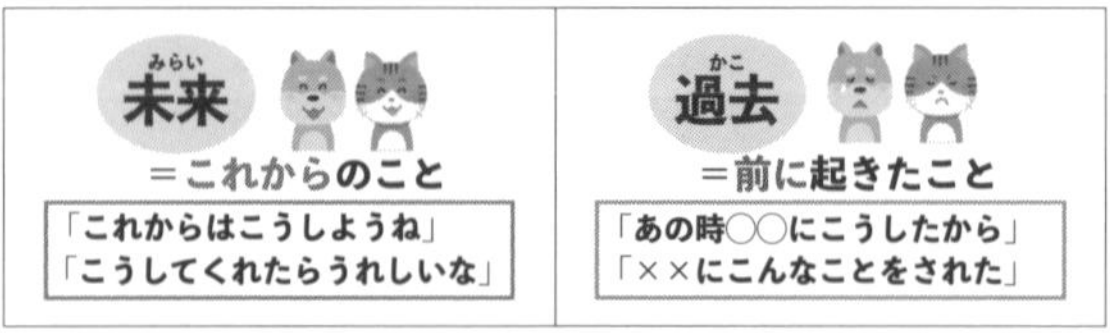

未来《みらい》
＝これからのこと
「これからはこうしようね」
「こうしてくれたらうれしいな」
過去《かこ》
＝前に起きたこと
「あの時○○にこうしたから」
「××にこんなことをされた」

未来に目を向ける人＝かしこい

「支えられる人」はかしこい人

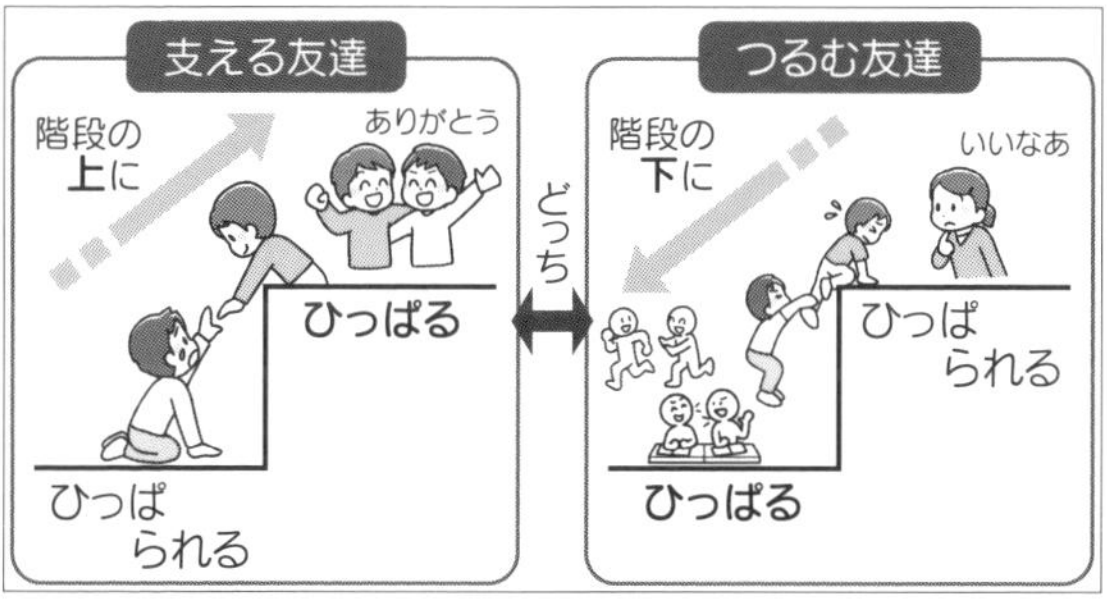
支える友達
階段の
上に
ありがとう
ひっぱる
ひっぱ
られる
どっち
つるむ友達
階段の
下に
いいなあ
ひっぱ
られる
ひっぱる

君たちはいつも仲良しだね。仲がいいのはとてもいいことだね。でもね、少し考えてみて。２人の関係は「支える友達」と「つるむ友達」のどちらかな？　**「支える友達」はかしこくなる方向に引っ張ってくれる友達**のこと。逆に**「つるむ友達」はかしこくならない方向に引っ張っていく友達**のことだよ。先生は、２人には「支える友達」であってほしいと思うんだ。こんなにすてきな友達がいるのに、２人で階段の下の方に降りていってしまうのは悲し過ぎるよ。

どちらかが困っていたならば、手を差し伸べて引っ張り上げてあげようよ。そんな風に支え合える友達のことを先生は「本当の友達」だと思うんだ。２人が「本当の友達」になれるように応援しているからね。１人で引っ張り上げるのがつらいなら、先生も手伝うからね。いつでも相談してね。

「不安を乗り越えられる人」はかしこい人

あまり親しくない人に声をかけるのは、勇気がいるよね。声をかけても無視されるかもしれないもんね。「あんまり親しくない人とあなたとの間には、すごく高い「不安山」がある。反対側のふもとへと山を超えるのはかなり苦労するよね。声をかけてくれたその子は「不安山」を乗り越えて君の所まで来たんだよ。それがわかったら、あなたは声をかけてくれた人になんて伝える？「よく乗り越えて来てくれたね。ありがとう」って言いたくなるよね？　その「ありがとう」という言葉を積み重ねていくとね。不思議なことに「不安山」はどんどん低くなっていくんだよ。間の不安山がなくなること。これが「仲良くなる」っていうことなんだ。**不安山を乗り越える勇気をもつこと。乗り越えてくれた人の勇気を感じ取れること。これができる人は「かしこい人」って言えるんじゃないかな？**

おわりに

早いもので「かしこさの階段」の実践を始めてから10年の年月が経ちました。その間、たくさんの子どもたちとの出会いがありました。実践を重ねる中で私が常に心に留めてきたこと。それはこの実践を通して「3つのまなざし」を変化させていきたいという願いです。

「3つのまなざし」とは「先生が子どもたちを見つめるまなざし」「子どもたちが仲間を見つめるまなざし」そして「一人一人の子どもたちが自分自身を見つめるまなざし」です。これらのまなざしが温かく希望に満ちたものであったならば、教室はたくさんの成長を生み出す場になっていくはずです。

たくさんの失敗の積み重なりの中で自信を失っている子。そういう子に必要なのは「自分は確かに成長できているんだ」という実感です。「かしこさの階段」が「どんな自分にも成長を感じられる心の強さ」を形づくる助けとなることを願っています。

あなたがこれから出会う子どもたちのまなざしが希望に満ちたものになりますように…。

感謝と願いを込めて。

古田　直之

【著者紹介】
古田　直之（ふるた　なおゆき）
1981年福島県会津若松市生まれ。福島県公立中学校教諭・同県小学校教諭を経て現在は札幌市小学校教諭。教育研究サークル「FURU ☆ LABO（ふるらぼ）」代表。「学び続ける子どもの育成」をテーマに掲げ，子どもたちが安心して学び続けていける環境づくりを目指して日々実践を重ねている。令和５年度から児童生徒支援担当・生徒指導主任として，困りを抱える子どもたちの援助を行なっている。第35回東書教育賞優秀賞・第17回ちゅうでん教育大賞奨励賞など受賞歴多数。著書に『教室の荒れ・問題行動対応ガイド』（明治図書）

←本書で紹介しているイラストの一部は，こちらからダウンロードできます。ご活用ください。

マイナスからの学級経営
気になる子も引き上げる「かしこさの階段」

2025年２月初版第１刷刊　©著　者　古　田　直　之
2025年５月初版第３刷刊　発行者　藤　原　光　政
発行所　明治図書出版株式会社
http://www.meijitosho.co.jp
（企画）茅野　現（校正）中野真実／阿部令佳
〒114-0023　東京都北区滝野川7-46-1
振替00160-5-151318　電話03（5907）6702
ご注文窓口　電話03（5907）6668

＊検印省略　組版所　株式会社カシヨ

Printed in Japan　ISBN978-4-18-117222-0
もれなくクーポンがもらえる！読者アンケートはこちらから→